RECUEIL

COMPLET

DES IDYLLES

De M. Berquin.

Auquel on a joint PYGMALION,
de J. J. Rousseau, *mis en vers.*

Derniere Édition.

A LONDRES.

M. DCC. LXXVI.

PRÉFACE.

LE fond peu intéreffant de la plupart des anciennes Poéfies Bucoliques, le ton précieux & les fadeurs, mêlés, dans nos Eglogues modernes, à un petit nombre de traits fins & délicats, avoient prévenu, depuis long-tems, notre goût dédaigneux contre les Mufes Paftorales. L'Aminte du Taffe & les Amours de Daphnis & Chloé étoient prefque les feuls ouvrages qu'il eût excepté de fes profcriptions ; lorfque la traduction des Poëmes de M. Geffner vint ramener heureufement nos regards fur la fcene champêtre. Egal, en fimplicité, au Berger de Sicile, dont il a fçu, imitateur judicieux, éviter la rufticité ; un peu moins Poëte que le Chantre de Mantoue, mais ayant d'ailleurs toutes fes grâces ; fenfible & affectueux comme Racan & d'Urfé, fans que fes expreffions tendres deviennent jamais langoureufes ; doué, tout à la fois, de la molle douceur de Segrais, & d'une touche plus originale ; prefque auffi fin dans fon air de négligence, que M. de Fontenelle dans fes traits les plus étu-

diés; plus naturel & non moins ingénieux
que la Motte dans le choix de ses sujets;
à la naïveté piquante de Longus, & à la
délicieuse aménité du Tasse, M. Gessner
avoit sçu allier plus de variété, de chaleur & de philosophie. L'amour, la ja-
lousie, l'orgueil de la prééminence dans
la flûte ou le chant, ne furent plus les
seules passions qui nous intéresserent dans
les personnages de l'Idylle. La tendresse
paternelle & la piété filiale, l'amour de la
vertu & l'horreur du vice, le respect pour
les Dieux, & la bienfaisance envers les
hommes, ces sentimens si précieux à l'hu-
manité & à la poésie, se trouverent dé-
veloppés, dans ses Idylles, d'une ma-
niere toujours vraie & profonde, & toujours liés à une action vive & intéres-
sante.

Il n'est pas étonnant qu'un genre si
grâcieux & devenu si neuf, pût faire une
révolution dans les idées d'un peuple,
chez qui, malgré toutes les variations de
la mode, le bon goût a toujours conservé
son empire. Aussi les Poésies Pastorales de
M. Gessner obtinrent-elles, parmi nous,
le succès le plus flatteur. Tous nos Jour-
naux furent inondés de traductions de ses
Idylles, foibles la plupart, mais dont le

nombre du moins & la concurrence prou-
voient à quel excès l'original avoit sçu
nous plaire.

M. Léonard fut le premier qu'on dif-
tingua dans la foule de ses imitateurs. La
ressemblance de son ame douce, honnète
& sensible, avec l'ame de M. Gessner,
lui fit prendre, sans efforts, le ton de
son modèle. Il est peu de beautés chez le
Poëte Allemand, qu'il n'ait fait passer
avec succès dans ses Idylles Françoises ;
& je craindrai peu d'être désavoué par les
Gens de Lettres, en avançant que son
Idylle du *Ruban* est, après l'Idylle de *l'Enfant bien corrigé*, la meilleure que l'on con-
noisse peut-être dans aucune langue. M.
Blin de Sainmore qui le suivit dans la
même carriere, plus exercé dans l'art enchanteur de la versification, mit encore
plus d'harmonie, d'élégance & de poésie
dans les trois Essais auxquels il s'est
borné, & qui font regretter qu'il n'ait pas
suivi une entreprise si heureusement commencée.

Les moissons de ces deux Poëtes n'ont
pas épuisé les vastes champs de M. Gessner.
J'y ai trouvé encore une abondante ré-
colte à m'approprier. Des Idylles que j'ai
imitées de lui, dans ce Recueil, il n'y

a que le fujet de l'*Oifeau* qui ait été traité par M. Léonard. Les autres fujets étoient encore neufs pour notre Poéfie, & je me fuis hâté de m'en emparer.

Les fujets que j'ai imités de M. Geffner, font l'*Oifeau*, *les deux Tombeaux*, *le Panier*, *le Naufrage*, *la Surprife*, *les Petits Enfans*, *la Promeffe trop bien gardée*, *les Bergeres au bain*, *le Petit Berger bienfaifant*, *le Préfage*, *la Tempête*, *la Chanfon de la nuit*, & *le Sénateur devenu Berger.*

L'Idylle des *Grâces* & celle du *Pêcheur*, font imitées, la premiere d'une Piéce Allemande de M. Gerftemberg, & la feconde d'une Barcarolle Italienne.

L'Idylle des *Délices de l'Hymen* eft imitée de M. Wieland, & celles de l'*Orage favorable* & du *Torrent* font imitées de M. l'Abbé Métaftafe.

IDYLLES.

IDYLLE PREMIERE.

L'INCENDIE.

Inconsolable en fon veuvage,
Depuis un mois, le bon Pélage
Voyoit un mal cruel tourmenter fes vieux jours;
Et la jeune Doris, feul fruit de fes amours,
L'aidoit à fupporter fes douleurs & fon âge.
Un foir, où, de fon mal, fufpendant les accès,
Le fommeil, du vieillard, vint fermer la paupiére;
  Doris fortit de fa chaumiere,
  Pour refpirer un peu le frais.
Mon pere! du repos tu goûtes donc les charmes;
Dit-elle; pour mon cœur quel doux preffentiment!
Oui, le Ciel attendri va te rendre à mes larmes.
Dans un heureux Hymen, Tyrcis, ô mon Amant,
Enfin nos jours unis vont couler fans alarmes.
Mais quand je m'abandonne à ce charmant efpoir;

A

Le malheureux ! il pleure, il fe tourmente ;
Il a laiffé mon pere, en nous quittant ce foir,
Dans les déchiremens d'une fiévre brûlante.
Pourquoi l'ai-je fi-tôt contraint de s'en aller ?
  Au fond du cœur je ne le voulois guere :
Mais il gémiffoit tant de voir fouffrir mon pere,
Il m'auroit fait mourir. Ah ! pour le confoler,
Si j'ofois.... Du penchant de l'aride montagne,
Où s'éleve fon toît, Doris, d'un pied léger,
  Monte au fommet, & loin, dans la campagne,
  Cherche des yeux le toît de fon Berger.
Par bonheur, reprit-elle, il veille. Sa chaumiere
Eft éclairée encor d'une foible lumiere.
Je vais faire un grand feu. Chaque foir, je le fçais,
Il adreffe à l'Amour une tendre priere,
En tournant vers ces lieux fes regards fatisfaits.
Il verra ce fignal, il fçait ce qu'il veut dire ;
  Je vais le voir dans un moment.
Elle dit, & cédant à l'Amour qui l'infpire,
  Dans fa cabane elle defcend.
  Le bon vieillard dormoit profondément.
La voilà qui choifit un gros faix de ramée,
Prend du feu, puis remonte. Elle fouffle. Un bûcher
S'allume ; & dans le fein d'un torrent de fumée,
Bouillonne, en pétillant, une vague enflammée,
Qui s'éleve en colonne, & rougit le rocher.
Un grand vent de la flamme accroît la violence ;
Le brafier dévoré touche prefque à fa fin :
Tyrcis n'a point paru. Pleine d'impatience,

Doris vole fur le chemin.
La peur de s'éloigner un peu trop de fon pere,
    L'empêche d'aller bien avant;
Bientôt elle s'arrête, & revient lentement,
    L'oreille au guet, l'œil fans ceffe en arriere.
Oublieroit-il, ce foir, fa priere à l'Amour,
Dit-elle, à petits pas marchant trifte & rêveufe
    S'il alloit m'oublier un jour!
    Mais quelle image plus affreufe
    Vient la frapper à fon retour!
  Du haut du mont, le vent, fur la chaumine,
  A fait voler un branchage allumé;
  Déja le toît, à demi confumé,
  Gémit, s'ébranle & va fondre en ruine.
Tout périt; la brebis & fes agneaux bêlans,
Franchiffant de leur parc la barriere fumante,
Se roulent, pourfuivis par l'ardeur dévorante
    Du chaume en feu qui s'attache à leurs flancs.
    Quel nouveau trait vient déchirer fon ame!
Elle entend du vieillard la lamentable voix;
Elle arrive, s'élance. Un tourbillon de flamme
Loin du feuil embrâfé la renverfe. Trois fois
Elle veut s'y jetter, & trois fois repouffée,
De deux bras palpitans elle fe fent preffée.
Dieux! mon pere!.. oui, c'eft lui. L'intrépide Tyrcis,
    De la flamme a vu le ravage;
Il part, gravit le mont. Sur de brûlans débris
    Il s'ouvre un rapide paffage;
    Il a fauvé le vieux Pélage,
                    A ij

Ils font dans les bras de Doris.
　O Doris! ô tendre Bergere!
　O! qui diroit ton vif faififfement!
De mille ardens baifers elle couvre fon pere;
　Elle fourit à fon Amant.
　Le Vieillard, en les embraffant,
Tourne encor un regard vers fa trifte chaumiere.
　Mais Tyrcis, d'amour éperdu:
Que la flamme, dit-il, redóublant fa furie,
Confume maintenant toute la Bergerie;
Tu vis, ô bon Vieillard! nous n'avons rien perdu.
Le Sort m'avoit ravi le pere le plus tendre:
Le Sort, fi tu le veux, eft prêt à me le rendre.
Viens, fois mon pere; il dit, le ferre entre fes bras,
　Et vers fon toit il l'emporte à grand pas.

IDYLLE II.

L'OISEAU.

MILON, dans un bosquet, avoit pris un oiseau.
Du creux de ses deux mains il lui forme une cage;
Et courant, tout joyeux, rejoindre son troupeau,
 Il pose à terre son chapeau,
 Et pardessous met le chantre volage.
Je vais chercher, dit-il, quelques branches d'osier;
 Attends-moi là. Dans moins d'une heure,
 Je te promets, mon petit prisonnier,
 Une plus riante demeure.
 Quel plaisir d'offrir à Cloris
 Ce nouveau gage de tendresse!
Il faut que deux baisers au moins en soient le prix.
Qu'elle m'en donne un seul! avec un peu d'adresse
Ne suis-je pas bien sûr d'en voler cinq ou six?
 O! si déja la cage étoit finie!
 Il dit, part, s'éloigne à grand pas,
Court au lac, trouve un saule, & rentre en la prairie
 Un faisceau d'osier sous le bras.
Mais de quelle douleur son ame est accablée!
Un vent perfide avoit retourné le chapeau;
 Et sur les ailes de l'oiseau,
 Tous les baisers avoient pris la volée.

A iij

IDYLLE III.

LES DEUX TOMBEAUX.

LE VOYAGEUR ET LE BERGER.

LE BERGER.

Que fais-tu, Voyageur?

LE VOYAGEUR.

Je cherchois un ombrage;
Et vois ce qu'en ces lieux j'ai trouvé fous mes pas;
D'une colonne, éparfe en mille éclats,
Le marbre enfeveli fous la ronce fauvage.

LE BERGER.

C'eft un tombeau détruit.

LE VOYAGEUR.

Tiens, dans ce lac fangeux,
Ne vois-je pas encore une urne renverfée?
Allons-y.

LE BERGER *la retirant du bourbier.*

La voilà.

LE VOYAGEUR *en la confidérant avec effroi.*

Que vois-je? juftes Dieux!
Quelle fcene d'horreur fur ce vafe eft tracée!

Le feu dévorant les hameaux ,
Les enfans écrafés fous les pieds des chevaux ,
De morts & de mourans les campagnes jonchées ,
Et le long des fillons , le fang , à grands ruiffeaux ,
 Roulant les moiffons arrachées.
(*Il rejette l'urne avec un mouvement d'indignation.*)
Celui , de qui la tombe aime à fe furcharger
 De ces peintures inhumaines ,
 N'eft fûrement pas un Berger.

Le Berger.

C'eft un monftre. La paix faifoit fleurir ces plaines ,
 Le cruel vint les ravager.
L'homme y refpiroit libre , il l'accabla de chaînes.
 Tel qu'on voit un Loup affamé
S'élancer , en hurlant , fur des troupeaux timides ;
Contre un peuple ingénu , paifible & défarmé ,
Il tournoit , à grand cris , fes armes homicides.
Les mains teintes encor du fang de nos ayeux ,
Croyant éternifer fa funefte victoire ,
Lui-même , il s'éleva ce monument pompeux.
Il vouloit , l'infenfé ! que nos dernier neveux
 Puffent maudire fa mémoire ;
Et voilà cependant fon tombeau renverfé :
Voilà dans le bourbier fa cendre croupiffante :
L'infecte le plus vil rampe , fans épouvante ,
 Le long de fon glaive émouffé.
 Le fouvenir de fes excès impies
Eft tout ce qui furvit de fa folle grandeur.
Sans qu'une voix , au Ciel , s'éleve en fa faveur.

       A iv

Ses Mânes criminels font en proye aux Furies,
　Tout mort qu'il eſt, ſon nom eſt en horreur,
Non, quand on m'offriroit la puiſſance ſuprême,
　S'il me falloit l'acheter à ce prix,
　J'aime mieux vivre en paix avec moi-même,
Et n'avoir pour tout bien que deux ſeules brebis;
Encore aux Immortels irois-je en offrir une,
Pour les remercier de mon humble fortune.

LE VOYAGEUR.

Eloignons-nous, Berger. Ces objets odieux
Ont pénétré mon cœur d'une triſteſſe amere.

LE BERGER.

　Eh bien, ſuis-moi. Si la vertu t'eſt chere,
Un plus beau monument va s'offrir à tes yeux.

LE VOYAGEUR.

Eſt-ce d'un autre Roi ?

LE BERGER.

　　　　C'eſt celui de mon pere.
Il le conduit alors, par de rians ſentiers,
　Vers une paiſible chaumiere,
　Que protégeoient de grands arbres fruitiers.)

LE VOYAGEUR.

Les beaux lieux! mais, la nuit s'avance.
　Il ne me reſte qu'un moment,
　Hâtons-nous vers le monument.

LE BERGER.

Jette les yeux ſur cette plaine immenſe.
　Vois-tu ces vignobles féconds,

Les troupeaux difperfés fur ces gras pâturages?
Vois-tu ces bords couverts de fertiles moiffons,
　　Et ces jardins & ces bocages?
Voilà le monument que mon pere a laiffé.
　　Nos champs, ravagés par la guerre,
N'offroient qu'un fol défert, de ronces hériffé;
Il vint, & l'abondance enrichit cette terre.
Trop fage pour chercher de frivoles honneurs,
Il creufa fon tombeau fous cette informe pierre;
　　Mais tous les jours nous la couvrons de fleurs:
Des Dieux, par fes bienfaits, il fut l'augufte image,
Il recevra comme eux notre éternel hommage,
　　Et fes autels font dans nos cœurs.

IDYLLE IV.
L'ORAGE.

SILVANIRE ET BLANCHETTE.

JA vieilliſſoit l'automne. Au long d'un frais bocage
Silvanire & Blanchette alloient parlant d'amour.
Voici de loin s'épandre un ſombre & lourd nuage
    Sur la vive face du jour.

L'air d'abord un petit ſommeille en paix profonde ;
Si que ne tremblottoit feuille d'aucuns roſeaux.
Puis brillent longs éclairs, bruyant tonnerre gronde,
    Prolongé d'échos en échos.

Où fuir ? tant s'obſcurcit l'ombre tempêtueuſe !
Là près, eſt vieille roche. Ils s'en courent dedans.
Et leur ſort ne plaignez. Roche, tant ſoit affreuſe,
    Eſt doux Olympe à vrais Amans.

Or la nue à torrens roule aux flancs des montagnes.
La grêle ſautillante encomble creux ſillons ;
Diriez foudres & vents, par les vaſtes campagnes,
    Guerroyer en noirs tourbillons.

A ſa Blanchette envain par doux mots & careſſes,
Bien veut l'ami Berger cacher telles horreurs ;
Bien lui veut-elle auſſi rendre douces tendreſſes,
    Et ne lui viennent que des pleurs.

Voyez, dit-elle, ami, voici venir froidure,
Ne vont plus Oiselets s'aimer jufqu'aux beaux jours:
Or s'aimoient comme nous; comme eux, fi d'avanture,
    Allions nous trouver fans amours!

L'Ami, d'un doux baifer, fait loin fuir fes alarmes;
L'orage, à ne mentir, loin fuyoit-il auffi.
Tournons au pré, dit-elle, en étanchant fes larmes,
    Là, n'aurai tant cruel fouci.

Et rameaux fracaffés, & verdure flétrie,
D'un trop affreux femblant, ici, tout peint l'hiver:
De plus joyeux penfers aurons par la prairie,
    Voyant encore fon beau verd.

Au pré s'en vont tous deux. O! que de fois Blanchette
Au ruiffel, qui l'arrofe, a conté fon bonheur!
Mais, fur fes bords, à peine advient la Bergerette,
    O! quel trait aigu poind fon cœur!

Plus n'eft-il ce ruiffel, où, l'été fraîches ondes
Doucettement baignoient fiens membres délicats;
Plus n'eft qu'un noir torrent, qui, fes eaux vagabondes
    Fait bouillonner en grand fracas.

Un baifer, à ce coup, n'encharme point fa peine.
Hélas! ni cent. O! Dieux! à travers longs fanglots,
Dit-elle: quel torrent! comme, inondant la plaine,
    Il va déjoindre nos hameaux!

Un chacun, fur un bord, las! aurons beau nous rendre;
Tant bruira fourdement, tant vomira brouillards,

Que ne pourront nos voix, l'un à l'autre, s'entendre,
    Ni se rencontrer nos regards.

A tant se tût Blanchette. Or passoit là son pere.
De l'orage inquiet, cherchant sa fille au bois,
Puis aux champs, puis par-tout. Quelle surprise amere,
    Lorsque la voit pâle & sans voix!

Qu'avez, ma chere enfant ?... En bref par Silvanire
Instruit, tout dès l'abord, de leurs soucis cruels,
N'est que cela, dit-il ? & se prend à sourire ;
    Et tous deux les mene aux autels.

Hymen les y fêta. Vint Amour en cachette,
Qui, de plus vif encore, enflamma leurs desirs;
Et ce cruel hiver que tant craignoit Blanchette,
    La saison fut de ses plaisirs.

IDYLLE V.
LES GRACES.

C'était un beau jour de printems.
Les Grâces folâtroient sous la feuille nouvelle,
Quand, tout-à-coup, des trois Sœurs la plus belle,
Aglaé disparut. On la chercha long-tems:
Ce fut en vain. Depuis l'autre feuillage,
Tu le sçais, Pan la guette: ah! ma sœur, quel dommage
S'il la surprend seule sous un buisson!
Ce Pan est si fougeux, dit-on,
Et la forêt est si sauvage!
Euphrosine en ces mots exhaloit sa douleur;
Et cependant Thalie, errant dans le bocage,
Sous les moindres halliers, cherche sa jeune sœur,
Va, vient, frappe un buisson, puis soulève un branchage,
Avance un pas, recule de frayeur,
Craignant toujours, à son passage,
De rencontrer le ravisseur.
Enfin, d'un pied léger appercevant les traces,
Les deux Nymphes soudain volent vers un bosquet,
Où, dans mes bras, Danaé reposoit.
Eh! qui n'auroit cru voir la plus belle des Grâces?
N'est-ce pas elle trait pour trait?
Te voilà donc, ma sœur, lui dit Thalie!

Tu ris de nous caufer un fi cruel chagrin?
  Chacune alors la faifit par la main,
    Et ma Bergere m'eft ravie.
  J'ai beau crier : arrêtez, arrêtez.
Ce n'eft pas votre fœur : Eft-elle auffi jolie?
Elles de fuir toujours à pas précipités.
  Défefpéré, je m'élance. On m'appelle :
Où vas-tu, dit la voix? arrête, Lycidas,
    Infenfé, vole dans mes bras ;
    Viens, fois l'Amant d'une Immortelle.
  Je me retourne & je vois Aglaé ;
    Et je la prends pour ma maîtreffe,
Comme fes Sœurs, pour elle, avoient pris Danaé.
Mon œil y fut trompé, mais non point ma tendreffe.
Qui, moi changer d'amour? Quitte ce fol efpoir,
Lui dis-je, fi Vénus afpiroit à me plaire,
    Vénus y perdroit fon pouvoir ;
    Mon cœur eft tout à ma Bergere.
Dans mes bras auffi-tôt, malgré fes cris perçans,
J'emporte vers fes Sœurs la Nymphe palpitante.
Entre elle & Danaé l'on balança long-tems ;
  Et, fans le feu de nos embraffemens,
  On n'eût jamais reconnu mon Amante.

IDYLLE VI.

LE PANIER.

PHILLIS ET COLETTE.

COLETTE.

Phillis, je vois toujours ce panier à ton bras?

PHILLIS.

Oui , Colette , à mon bras je le porte sans cesse ;
Et pour ton beau mouton , vois, tu ne l'aurois pas,
Ni pour un grand troupeau.

COLETTE.

Quelle étrange foiblesse !
A ce panier, dis-moi, qui donne un si haut prix?
Veux-tu que je devine? oh! comme tu rougis!

PHILLIS.

Qui! moi, rougir?

COLETTE.

Eh! oui vraiment.

PHILLIS.

Colette. . . . .

Je n'ose. . . . .

COLETTE.

Que crains - tu ?

PHILLIS.

Si tu me promettois. . . .

COLETTE.

As-tu donc peur que je fois indifcrette ,
Toi qui connois tous mes fecrets ?

PHILLIS.

Eh bien , te l'avouerai-je ? un Berger du Village
Le plus beau des Bergers, Lycas me l'a donné.
Vois comme il eft joli ! vois-tu ce verd feuillage ,
D'où fort un jeune lys, de rofes couronné ?
D'un fentiment bien doux ce panier eft le gage.
Auffi , Colette , auffi combien je le chéris !
Si j'y mets une fleur , elle y devient plus belle ,
  Il donne aux fruits une fraîcheur nouvelle ,
    Un goût plus fin & plus exquis.
Tu riras , mais apprends jufqu'où va ma folie :
Ma bouche, nuit & jour , le couvre de baifers.
Et puis-je faire moins ? Le plus beau des Bergers
  Me l'a donné comme à fa douce amie.

COLETTE.

  Et fçais-tu bien quelle chanfon
Il répétoit le jour qu'il finit cet ouvrage ?
Il te l'aura fans doute apprife ?

PHILLIS.

          Bons Dieux ! non.
Mais toi , d'où la fçais-tu ?

COLETTE.

    N'en prends aucun ombrage.

C

Ce jour-là, par hafard, j'entrois dans le botage :
Je l'apperçus de loin fur un banc de gazon.
J'ai, dit-on, le défaut d'être un peu curieufe.
Je m'approchai fans bruit pour voir ce qu'il faifoit.
C'étoit. . . . .

PHILLIS.

Quoi ?

COLETTE.

Ce panier. Bergere trop heureufe,
Si tu fçavois la chanfon qu'il difoit !

PHILLIS.

Oh ! tu me l'apprendras.

COLETTE.

Je veux bien te l'apprendre
Mais tu ne me dis rien de mon Berger Myfis ?
Que je te plains de n'avoir pu l'entendre,
Lorfqu'il me fit hier des couplets fi jolis !
Je vais te les chanter. C'eft fur un air fort tendre.
(*Elle fe difpofe à chanter.*)

PHILLIS.

Oui . . . mais d'abord ne poutrois-je fçavoir. . .

COLETTE.

Tiens, voici les couplets.

PHILLIS.

Sont-ils longs ?

COLETTE.

Tu vas voir.

Pour être belle,
Que Life emprunte un air coquet ;

B

Ma Bergere en fçaura plus qu'elle :
Je vais lui donner un fecret
    Pour être belle.

    Pour être belle,
Colette, il faut un peu d'amour.
Hélas ! à toi-même cruelle,
Ne veux-tu rien faire en ce jour
    Pour être belle ?

Comment les trouves-tu ?

PHILLIS.

        Moi ! fort bien . . . . mais, hélas !
Ne puis-je donc fçavoir la chanfon de Lycas ?

COLETTE.

A demain, fi tu veux.

PHILLIS.

        Oh ! non. Je t'en conjure,
A préfent.

COLETTE.

    Elle eft longue, & pour la retenir. . . .

PHILLIS.

Je la retiendrai, j'en fuis fûre.
Dis-la moi feulement.

COLETTE.

        Il faut donc t'obéir.
        (*Elle chante.*)
Laiffez-vous fous mes doigts ployer avec foupleffe ;
    Joncs nuancés des plus vives couleurs ;

Formez dans vos contours mille brillantes fleurs:
C'eſt pour faire un panier à ma jeune Maîtreſſe.

De mon bonheur naiſſant qui ne feroit jaloux?
Je paſſois, l'autre jour, tout près de cette Belle.
Ce ne fut qu'un feul mot: bon ſoir, Lycas, dit-elle ;
Mais elle me le dit d'un ſon de voix ſi doux!

Laiſſez-vous ſous mes doigts ployer avec ſoupleſſe,
  Joncs nuancés des plus vives couleurs ;
Formez dans vos contours mille brillantes fleurs ;
C'eſt pour faire un panier à ma jeune Maîtreſſe.

Dieu d'Amour! ſi Phillis ne le dédaignoit pas!
Ce don eſt bien léger; mais à cette Bergere
Je ne demande auſſi qu'une faveur légere ;
Qu'elle aime feulement à l'avoir à ſon bras.

Laiſſez-vous ſous mes doigts ployer avec ſoupleſſe,
  Joncs nuancés des plus vives couleurs ;
Formez dans vos contours mille brillantes fleurs ;
Quand vous verrai-je au bras de ma jeune Maîtreſſe ?

PHILLIS.

Adieu, Colette, adieu. C'eſt-là bas le ruiſſeau,
  Où, revenant du pâturage,
Il mene quelquefois abreuver ſon troupeau.
  Je vais m'aſſeoir ſur le rivage ;
Et tantôt, s'il y vient, je lui dirai : Lycas,
Tiens, vois-tu ton panier ? je le porte à mon bras.

IDYLLE VII.
L'AGNEAU.

Pour un fimple ruban, qui paroit fa houlette,
Lyfe, un jour, de Tyrcis reçut un bel Agneau;
C'étoit un jour d'été. L'agile Bergerette
Prend l'Agneau dans fes bras, vole vers un ruiffeau,
Se dépouille, s'y plonge, & foudain fur la rive,
Parmi des joncs touffus, croit entendre du bruit.
  Son œil s'y fixe. Elle pâlit:
Et de fes bras, qu'un froid mortel faifit,
L'Agneau gliffe, entraîné par l'onde fugitive.
  De fa douleur, qui peindroit le tranfport,
Lorfqu'en fe retournant, Life apperçoit, loin d'elle,
L'Agneau, contre les flots, luttant avec effort,
S'élançant tour-à-tour vers l'un, vers l'autre bord,
Et toujours repouffé par la vague cruelle?
D'un bêlement plaintif il l'appelle, l'appelle:
Ah! pour le fecourir en ce preffant danger,
Que pourra faire, ô Ciel! la Bergere éperdue?
Life veut fendre l'onde, . . . & ne fçait point nâger.
  A fon fecours appeller fon Berger?
Life ne l'oferoit. Hélas! Life étoit nue.
  Mais Life fçait que l'inconftant ruiffeau,
Après qu'en longs replis il a baigné la plaine,
Sur un lit moins profond ramene enfin fon eau,

Et qu'au détour de la forêt prochaine,
   Elle peut rejoindre l'Agneau.
De l'onde, à ce penfer, légere elle s'élance,
Et ne fe doutant pas que fon heureux Amant,
Tout près d'elle caché, l'obfervoit en filence,
Elle prend au hafard le premier vêtement,
Et le fein demi - nud, la voilà qui s'avance.
Mais, Life ! ô quel bonheur ! pouvois-tu le prévoir ?
Tyrcis t'a vu partir, il fend l'onde à la nàge,
Pourfuit l'Agneau, l'atteint, le porte fur la plage,
L'entoure du ruban, qu'il vient de recevoir,
   Et fe cache fous un feuillage.
   Remis un peu de fa frayeur,
En fecouant le poids de fa toifon humide,
L'Agneau, d'un arboifier, paiffoit la jeune fleur :
   Life arrive d'un pas rapide.
A peine, en le voyant, en croit-elle fes yeux.
   Le ruban le fait reconnoître.
Mais, ô Dieux ! fi Tyrcis... il étoit là peut-être ;
   Elle s'ajufte de fon mieux.
Tyrcis paroît. Tyrcis avoit un air fi tendre !
L'Agneau donné deux fois étoit d'un fi grand prix !
On lui donne un baifer, puis deux, il en eut fix :
On ne les compta plus. Et comment s'en défendre ?
Ceux qu'on eût refufés, il les auroit ravis.
La Belle, prudemment, paya fi bien Tyrcis,
   Que le Berger n'eut plus rien à prétendre.

B iij

IDYLLE VIII.

LE NAUFRAGE.

ÉCHOS de ces roches fauvages,
Senfibles au deuil de mes chants,
Renvoyez mes triftes accens
Dans ces bois & fur ces rivages.

Vefper fermoit les Cieux aux derniers feux du jour.
Affife au bord d'un fleuve , Eglé feule & plaintive,
L'œil fixé triftement fur l'onde fugitive,
Du bateau de Daphnis attendoit le retour.
Qu'il tarde mon Amant ! Daphnis, s'écrioit-elle !
Et la fenfible Philomele
Se taifoit , attentive aux vœux de fon amour.
Cruel ! … mais, tout-à-coup, dans ce vafte filence,
Ne crois-je pas entendre... Ecoutons... oui, c'eft lui.
Il vient. . . Dieux!... trompeufe efpérance !
Et pourquoi, flots menteurs, irriter mon ennui ?
N'eft-ce donc pas affez du tourment de l'abfence ?
Mais fi quelqu'autre, hélas! ... Loin d'ici noirs foupçons!
Il m'aime ,.. oui, maintenant il court vers le rivage.
Amour, devant fes pas, entr'ouvre les buiffons :
Bienfaifante Phœbé , répands , fur fon paffage ,
La paifible lueur de tes pâles rayons.

Oh! lorfque fur le bord je le verrai defcendre,
  Comme j'irai me jetter dans fes bras!
  Mais cette fois, je ne m'abufe pas;
Oui, fous la rame, au loin, j'entends l'onde fe fendre.
Vagues, fur votre dos, portez-le mollement :
Et vous, Nymphes, témoins de ma douleur extrême,
Si jamais votre cœur fentit, un feul moment,
Combien il eft cruel d'attendre ce qu'on aime!
Mais rien ne me répond. Ah! Dieux! combien de fois,
  Dans mon efpérance trahie. . . .
Elle ne put finir. D'un froid mortel faifie,
Elle tombe foudain, fans couleur & fans voix.

    Echos de ces roches fauvages,
    Senfibles au deuil de mes chants,
    Renvoyez mes triftes accens
    Dans ces bois & fur ces rivages.

Un bateau renverfé flottoit dans le lointain.
A travers l'épaiffeur d'une nuée obfcure,
Phœbé lançant à peine un rayon incertain,
Eclairoit fombrement cette trifte aventure.
Eglé reprit fes fens. O furprife! ô terreur!
  L'Echo porta, dans toute la contrée,
  Le cri perçant de fa douleur.
Les cheveux hériffés, & la vue égarée,
Elle meurtrit fon fein. De fourds & longs fanglots
  Etouffent fa pénible haleine :
  Mourante, elle s'écrie à peine :
                 B iv

Daphnis, mon cher Daphnis ! & foudain, à ces mots,
Elle fe plonge dans les flots.

Echos de ces roches fauvages,
Senfibles au deuil de mes chants,
Renvoyez mes triftes accens
Dans ces bois & fur ces rivages.

Les Nymphes veilloient fur fes jours.
L'onde n'engloutit point cette tendre Bergere,
Le fleuve fecourable, accélérant fon cours,
La pofe aux bords fleuris d'une Ifle folitaire.
Son Berger, à la nâge, avoit gagné ces bords.
 Eglé le voit, tombe pâmée ;
 Mais cent baifers l'ont bientôt ranimée.
Qui pourroit exprimer fa joie & fes tranfports ?
Telle & moins tendre encore eft la jeune Fauvette,
 Qui, s'envolant de fa prifon,
 Retrouve au bois fon fidèle Pinfon.
 Le malheureux ! dans fa douleur muette,
 Il languiffoit fous un épais buiffon.
Elle vole vers lui. Cent careffes nouvelles,
De leurs jeunes amours, ont réveillé l'ardeur ;
Ils uniffent leurs becs, ils enlacent leurs aîles :
 Ils font heureux & chantent leur bonheur.

Echos de cès roches fauvages,
Oubliez le deuil de mes chants,
Et portez mes joyeux accens
Dans ces bois & fur çes rivages.

IDYLLE IX.
LA SURPRISE.
DAPHNIS ET CÉPHISE.

Dans le fond d'un bois solitaire,
Daphnis, pour la premiere fois,
 Avoit vu sa jeune Bergere,
Et la jeune Bergere aimoit beaucoup ce bois.
Daphnis s'y rend, un jour, au lever de l'Aurore;
Et de festons de fleurs ornant maint arbrisseau,
 Courbe leur feuillage en berceau,
 On eût dit le Temple de Flore.
Sur ces jeunes tilleuls, qui cherchent à s'unir,
Je vais graver, dit-il, le nom de ma Céphise,
Puis je me cacherai ; Céphise va venir,
 Ah ! comme elle aura de surprise !
 Et moi que j'aurai de plaisir !
 Il dit, & se met à l'ouvrage.
Céphise, à l'instant même, arrivoit en ces lieux.
Elle l'entend, s'approche, ouvre un peu le branchage,
Et vers Daphnis penchée, à travers le feuillage,
 Lui pose la main sur les yeux.
Il se tourne étonné. Céphise, d'un air tendre:
C'est donc ainsi, Daphnis, que tu sçais me surprendre,
Lui dit-elle ? & puis viens demander un baiser.
Il en eut un pourtant. Ainsi le refuser,
 C'étoit l'inviter à le prendre.

IDYLLE X.
LE TROUPEAU
DÉSALTÉRÉ.

Nise dormoit un foir, au pied d'un vieux ormeau.
D'un foin peu vigilant n'accufons point la Belle,
Le chien de fon Berger veilloit fur fon troupeau.
Tyrcis, au même inftant, arrive auffi près d'elle.
  A la Bergere il venoit propofer
Des fleurs, des fruits, une chanfon nouvelle,
  Et tout cela pour un baifer.
Il s'approche fans bruit. Sur la bouche fleurie
Que Nife, fans défenfe, expofe à fon defir,
Qu'un baifer feroit doux & facile à cueillir !
Une molle fraîcheur régne dans la prairie ;
  L'ombre déja defcend du haut des monts :
Quels témoins craindroit-il ? fon chien, & des moutons?
  Tout follicite, on fert fa douce envie.
  Mais Nife dort d'un fommeil fi léger !
S'il l'éveilloit !... Et puis, pour un tendre Berger,
Eft-ce un plaifir bien pur, celui que fon Amie
    Lui donne fans le partager?
    Tandis que fa bouche incertaine
N'ofe s'abandonner à fes defirs brûlans,
Triftes, mourans de foif, les moutons haletans,
Vont, d'un pied dédaigneux, foulant la verte plaine,

Et fixant tous fur lui des regards languiffans.
Tyrcis le voit, & foudain il s'élance :
Le baifer, au retour, fera ma récompenfe,
Dit-il ; & doucement raffemblant le troupeau,
D'un regard, à fon chien, il impofe filence,
Et conduit les moutons au plus prochain ruiffeau.
Le voilà de retour, & Nife encor fommeille.
Plus hardi, cette fois, il prend un baifer, fuit,
Se cache en des buiffons ; Nife enfin fe réveille,
Honteufe, on l'imagine, il étoit déja nuit.
Elle part auffi-tôt, &, dans fa panetiere,
Ne voit point un bouquet caché par fon Amant,
Qui, pas à pas, la fuit fecrettement.
Hélas ! d'autres penfers agitent la Bergere ;
Sa longue abfence aura fâché fa mere,
Et fon troupeau meurt de foif fûrement.
Mais au premier ruiffeau, Dieux ! quelle eft fa furprife!
Aucun de fes moutons ne s'approche du bord.
Dans fon effroi, la pauvre Nife
Croit tout fon troupeau déja mort.
Elle rentre au hameau, le cœur plein de trifteffe.
Eh ! comment à fa mere apprendre ce malheur ?
Dans fon veuvage, hélas ! c'eft toute fa richeffe ;
Faut-il d'un trait mortel lui déchirer le cœur,
Aux derniers jours de fa vieilleffe ?
Le Berger voit fon embarras,
Veut en jouir encore. Au parc, dans fa chaumiere,
Il la voit, tour-à-tour, porter fes triftes pas.
Careffer fes moutons, les ferrer dans fes bras,

Et mille fois , aux Dieux , adreſſer ſa priere;
Mais, tout-à-coup, Niſe apperçoit Tyrcis.
Elle vole en ſon ſein , & , le baignant de larmes ;
   Veut lui conter ſes funeſtes alarmes ;
     Il l'interrompt par un ſouris.
Un ſouris ! juſte Ciel ! à ce trait, la Bergere
   Croit qu'il inſulte à ſon malheur.
  Ce dernier coup manquoit à ſa miſere ,
  Ce dernier coup a comblé ſa douleur.
Tyrcis veut ſe défendre. Eh ! que peux-tu me dire ?
Mon Amant, d'un œil ſec , verroit-il mes regrets ?
    Y répondroit-il d'un ſourire ?
Non , tu ne m'aimes plus, tu ne m'aimas jamais ,
   Tu ne voulois que me ſéduire.
Et ce ſoir même , aux champs , m'es-tu venu trouver ?
Niſe voudroit pourſuivre , & ne peut achever.
En vain auſſi Tyrcis veut calmer la Bergere.
Quelques mots cependant qu'en eſſuyant ſes pleurs,
   Niſe entend , malgré ſa colere ,
Un coup d'œil, par haſard , échappé ſur les fleurs,
   Que recele ſa panetiere ,
  Lui font un peu ſoupçonner le myſtere ;
Un mot, un mot de plus diſſipent ſes douleurs.
  Sans peine alors, de ſa ſupercherie,
   Le Berger obtint le pardon :
   Et quoique le chien l'eût trahie ,
  Niſe , au haſard d'une autre perfidie ,
  Voulut encore en accepter le don.

IDYLLE XI.
LE PÊCHEUR.

PRÈS des bords fleuris, où le Tage,
 Avec orgueil, roule ses flots,
Indifférent encore, un Pêcheur, en ces mots,
Insultoit à l'Amour sur sa flûte sauvage :
 Dieu méchant, ne crois pas, un jour,
 M'asservir à ta loi cruelle ;
 Tout mon trésor c'est ma nacelle :
 Mes filets sont tout mon amour.

 Lorsque de la plaine liquide
 J'ai surpris un jeune habitant,
Ainsi, dis-je, l'Amour, aux piéges qu'il me tend,
Voudroit faire tomber ma jeunesse timide.
 Non, méchant, ne crois pas, un jour,
 M'asservir à ta loi cruelle ;
 Tout mon trésor c'est ma nacelle :
 Mes filets sont tout mon amour.

 - J'ai vu l'Amant de Glycerie ;
 Hélas ! le pauvre infortuné !
J'ai cru voir un navire, aux vents abandonné,
Déplorable jouet des ondes en furie.
 Ah ! méchant, ne crois pas, un jour,
 M'asservir à ta loi cruelle ;

Tout mon tréfor c'eft ma nacelle :
Mes filets font tout mon amour.

Næris alors , fur le rivage ,
Promenoit fa tendre langueur ;
Elle approche , elle entend l'infenfible Pêcheur,
Chanter, avec fierté, fur fa flûte fauvage :
Dieu méchant, ne crois pas, un jour ,
M'affervir à ta loi cruelle ;
Tout mon tréfor c'eft ma nacelle :
Mes filets font tout mon amour.

D'un œil , où fe peint la tendreffe ,
Elle l'appelle , il fuit fes pas ;
Il la fuit : ébloui de fes jeunes appas ,
L'imprudent , de ces bords , croit fuivre la Déeffe.
L'imprudent ! hélas ! dès ce jour
Il va fubir la loi cruelle.
Adieu filets, adieu nacelle ,
Le Pêcheur eft pris par l'Amour.

IDYLLE XII.

LES PETITS ENFANS.

Myrtil et Chloé.

LE jeune enfant Myrtil , un jour, dans la prairie,
Trouva fa jeune fœur. La jonquille & le thin
Se mêloient, fous fes doigts, à l'épine fleurie,
Et des pleurs cependant s'échappoient fur fon fein.
  Ah ! te voilà, Chloé , lui dit fon frere !
Pour qui viens-tu former ces guirlandes de fleurs ?
  Mais qu'as-tu donc ? qui fait couler tes pleurs ?
Tu penfes, je le vois, à notre pauvre pere.

Chloé.

Hélas ! Myrtil, fon mal le tourmente fi fort !
Il s'agite , il fe frappe.

Myrtil.

                    Il appelle la mort.
  Moi, qu'il ne vit jamais fans me fourire,
J'ai voulu l'embraffer ; ma fœur, dans fon délire,
  Il m'a rejetté de fes bras ,
Il ne me connoît plus : & fans ma mere , hélas !
  Je crois qu'il alloit me maudire.

Chloé.

O Ciel ! un fi bon pere ! il jouoit avec moi,
Lorfque ce mal cruel vint attaquer fa vie.

J'étois fur fes genoux. D'une voix affoiblie ;
Ma fille, me dit-il, ma fille, leve-toi ;
Je me fens mal, très-mal. Une fueur foudaine
    Couvrit fon vifage, il pâlit ;
Il me remit à terre : & foible, fans haleine,
Malgré tous mes fecours, il eut bien de la peine
    A traîner fes pas vers fon lit.

        M Y R T I L.

Mon pere, hélas! du mal qui te dévore,
    Te verrons-nous long-tems fouffrir ?
A peine ai-je fept ans, je fuis bien jeune encore ;
    Mais fi tu meurs, je veux auffi mourir.

        C H L O É.

Non, il ne mourra point, mon frere, je t'affure.
Nos parens, mille fois, nous ont dit que les Dieux
    Aimoient les vœux d'une ame pure.
A Pan, Dieu des Bergers, je vais porter mes vœux,
Je lui porte ces fleurs. Oui, d'un regard propice,
Il verra fon autel embelli par ma main ;
    Et vois-tu là mon cher petit ferin ?
Je veux encore au Dieu l'offrir en facrifice.

        M Y R T I L.

Attends-moi donc, ma fœur, je reviens à l'inftant.
Je vais des plus beaux fruits remplir ma panetiere ;
Et le petit lapin, que m'a donné ma mere,
    Je veux auffi l'immoler au Dieu Pan.
Il courut, & bientôt il revint auprès d'elle.
    Tous deux alors, en fe donnant la main,
    Tournent leurs pas vers le côteau prochain.

                    Ils

Ils y trouvent le Dieu fous la voûte éternelle
   D'un vafte & ténébreux fapin.
Là, s'étant profternés aux pieds de fa ftatue,
Ils adreffent au Dieu leur priere ingénue.

CHLOÉ.

O Pan ! nous t'implorons, daigne nous fecourir.
   Toi qui fçais tout, tu fçais que notre pere
Eft, depuis bien des jours, en danger de mourir.
Je n'ai pas, Dieu puiffant, de grands dons à te faire,
Ces fleurs font tout mon bien, je viens te les offrir.
   Vois, à tes pieds, je pofe ma guirlande.
   J'aurois voulu, fi j'euffe été plus grande,
En couronner ton front, en orner tes cheveux ;
Mais je n'y puis atteindre. Accepte cette offrande,
Et rends, Dieu des Bergers, rends un pere à nos vœux.

MYRTIL.

   Qu'avons-nous fait, hélas! pour te déplaire !
   Car, en frappant notre malheureux pere,
   Je le vois bien, c'eft nous que tu punis.
Pour t'appaifer, ô Pan! je t'apporte ces fruits :
   Laiffe à nos vœux défarmer ta colere.
Tout ce que nous avons, nous le tenons de toi.
Je t'aurois immolé ma chévre la plus belle ;
   Mais elle eft plus forte que moi.
Quand je ferai plus grand, je t'en donne ma foi,
Je t'en offriral deux à la faifon nouvelle.

CHLOÉ.

Tiens, voici mon oifeau. Vois, ponr me confoler,
Les tendres amitiés qu'il s'empreffe à me faire.

C

Sur mon cou, fur mon fein, regarde-le voler.
 Eh bien, je vais .... je vais te l'immoler,
    Pour que tu fauves notre pere.

MYRTIL.

Tourne auffi tes regards fur mon petit lapin.
Vois, je l'appelle, il vient. Il croit, qu'à l'ordinaire,
Je voudrois lui donner à manger dans ma main;
    Mais non, je vais te l'immoler foudain,
    Pour que tu fauves notre pere.

Ses petits bras tremblans l'alloient déja faifir,
    Sa fœur l'imitoit en filence;
    Lorfqu'une voix. » Aux vœux de l'innocence,
    Les Dieux fe laiffent attendrir.
Non, ils n'exigent point ces cruels facrifices,
Gardez, mes chers amis, ce qui fait vos délices;
Votre pere n'eft plus en danger de mourir. »

La fanté, dès ce jour, fut rendue à Pélage.
Sauvé par fes enfans, ce jour même, avec eux,
Au Dieu confervateur il courut rendre hommage.
Il vit fes petits-fils peupler fon héritage,
Et de fes petits-fils vit encor les neveux.

IDYLLE XIII.
LES DÉLICES
DE L'HYMEN.

CHLOÉ, CEPHISE ET LYCORIS.

SOUS un tilleul dont les rameaux fleuris
Étroitement enlaçoient leur feuillage,
   Chloé , Céphise & Lycoris
   Goûtoient le charme de l'ombrage.
Des parfums du matin la suave fraîcheur ,
  Le calme au loin répandu sur les plaines ,
L'inftinct voluptueux qui porte un jeune cœur
A chanter ses plaisirs, comme à pleurer ses peines ,
D'un tendre épanchement inspiroient la douceur.
Pour moi , près de ces lieux , pour rêver à Zémire ,
   Conduit en secret par l'Amour ,
  Je l'entendis, je vais vous le redire ,
  Ce que leurs voix chanterent tour-à-tour.

CHLOÉ.
   Du repos de l'indifférence
   Que mon cœur se plaît à jouir !
   L'amour à ma simple innocence
   Ne coûta jamais un soupir.

C ij

D'un jeune Berger, fans rougir,
Mon front fupporte la préfence.
Lâches flatteurs, ceffez vos chants;
Que gagnez-vous à me le dire?
J'ai vu, dans ces flots tranfparens,
Tout le charme de mon fourire.
Mieux que vous, l'Echo, de ma voix,
Me peint la flexible juftesse.
Je fçais que des Nymphes des bois
Ma taille égale la foupleffe,
Mon ombre me l'a dit cent fois.
Telle qu'une Biche légere,
Qu'on voit bondir fur les côteaux,
Laiffez-moi, folâtre Bergere,
Dans les fêtes de nos hameaux,
Fouler, en danfant, la fougere.

CÉPHISE.

Jadis Chloé! fans amour, comme toi,
Par ma gaîté j'excitois mes compagnes:
Un impofteur vint furprendre ma foi,
Et dès ce jour, hélas! de nos campagnes,
Tous les plaifirs furent perdus pour moi.
Au fein joyeux du cercle de la danfe
J'entre aujourd'hui les yeux chargés de pleurs.
Mon pied diftrait rompt cent fois la cadence.
Mon fein brûlant féche mes nœuds de fleurs.
Et quand la nuit, fur la nature entiere,
Du frais fommeil difperfe les pavots,
J'implore en vain les douceurs du repos,

Je me défole en mon lit-folitaire,
Et le matin n'adoucit point mes maux.

LYCORIS.

Heureux jour où l'Hymen, du fein de ma famille,
Me conduifit, Zulmis, dans tes bras careffans!
Hymen! Dieu bienfaiteur! Eh! d'une jeune fille
A quoi fervent fans toi les charmes raviffans!
Telle eft la fleur ftérile éparfe dans nos champs.
Sur fa tige fuperbe un moment elle brille,
Puis meurt fans rejettons pour un fecond printems.
En de frivoles jeux perdrois-je mon bel âge?
La main du Tems, fi lente à former la beauté,
Souvent, d'un trait rapide, efface fon ouvrage.
Ah! lorfque les ennuis en font le feul partage,
Qu'on doit bien déplorer fa trifte liberté!
Pour nous, dès notre enfance, unis par la tendreffe,
Nous nous aimons, Zulmis, pour nous aimer toujours.
Le Temps peut de fa faux trancher notre jeuneffe,
La Mort, la feule Mort finira nos amours.

CHLOÉ.

Que Lycoris fe croye heureufe!
Hymen, Hymen, va, je connois.
Je connois ta douceur trompeufe,
Tes plaifirs femés de regrets.
Et crois-tu que de tels bienfaits,
D'une infouciance joyeufe,
Puiffent balancer les attraits?
Quoi! de mes jours livrant l'empire
Aux mains d'un tyran orgueilleux,

C iij

De ſes loix dépendroient mes vœux,
Et mon bonheur de ſon ſourire!
Cet eſclave à mes pieds ſoumis,
J'irois me le donner pour maître!
Pardonne, Hymen, ce fier mépris.
Tes plaiſirs ſont charmans peut-être,
Mais ils ſont trop chers à ce prix.

CÉPHISE.

Vous qui du Ciel reçûtes un cœur tendre,
Ah! de l'amour craignez, craignez les feux;
Étouffez bien le ſoupir amoureux
Qu'un faux langage eſt prêt à vous ſurprendre.
Pour attirer l'imprudent voyageur,
Telle on entend une Hyene perfide
Remplir les bois de longs cris de douleur.
Las! à Daphnis qui n'eût donné ſon cœur!
Je le croyois ſi tendre, ſi timide!
Son jeune front peignoit tant de candeur!
Il m'a trompée, ô Dieux! dans ma foibleſſe,
Je l'aime encore; & lui, ſans s'attendrir,
Il voit ſécher la fleur de ma jeuneſſe.
Le traître! au ſein d'une heureuſe maîtreſſe,
Qui le croiroit! je l'entends s'applaudir
D'avoir ſéduit ma crédule tendreſſe.

LYCORIS.

Dieux! de quels doux plaiſirs s'enivrent deux époux,
Dont l'Amour a formé la chaîne fortunée!
Quel ſpectacle enchanteur de voir autour de nous
Les gages innoçens d'un paiſible hyménée,

D'une main careffante embraffer nos genoux !
En formant aux vertus un cœur flexible & tendre,
Quel plaifir de le voir répondre à ces doux foins
Dans le tombeau fans doute un jour je dois defcendre,
Mais je ne mourrai pas tout entiere, & du moins
Mon fils de quelques fleurs viendra couvrir ma cendre.
Mon nom par fes enfans fans ceffe répété,
A leurs derniers neveux paffera d'âge en âge ;
Ils me béniront tous. Chloé, ta liberté
Vaut-elle les liens d'un fi cher efclavage ?

C H L O É.

Ah ! fi dans les jeux & les ris,
L'Hymen laiffoit couler ma vie !

C É P H I S E.

Ah ! fi l'Hymen, de mon ame flétrie,
Pouvoit bannir l'image de Daphnis !

Hymen les entendit. Jaloux de fa puiffance,
Ce Dieu leur fit fentir fa douce volupté.
De fon Berger, Céphife oublia l'inconftance,
Et Chloé, confervant fon aimable gaîté,
Ne perdit que l'indifférence.

IDYLLE XIV.
LA PROMESSE
TROP BIEN GARDÉE.

DAPHNIS ET PHILLIS.

Au fein d'un doux fommeil Daphnis fous un feuillage,
　　Du Midi bravoit les fureurs,
　Lorfqu'il fentit un nuage de fleurs,
Qui, par floccons légers, voloit fur fon vifage.
Il ouvre un peu les yeux, & fur l'herbe, à deux pas,
Il apperçoit Phillis qui lui tendoit les bras.
S'il voulut s'y jetter, c'eft chofe vaine à dire;
Mais des fleurs l'enchaînoient, il le voulut en vain.
Et voilà que Phillis fe mit fi fort à rire,
　'Que fon bouquet s'échappa de fon fein.
Ah! méchante, dit-il, tu ris; mais de ma chaîne
　Dans un moment je vais me dégager,
　Et tu verras fi je fçais me venger.
Il eut beau fe débattre, il y perdit fa peine.
Te venger, dit Phillis? Oui, fi je romps tes nœuds;
Mais fi je le faifois; ça voyons, & pour caufe,
Dis, comment prétends-tu te venger? — Oh! je veux
　Te donner tant de baifers amoureux,
　Que ta joue en fera rouge comme une rofe.

— Oui-da! fi c'eft ainfi , tenez mon cher Daphnis ,
   Riez , pleurez , mettez-vous en colere ,
Point ne vous délirai , que ne m'ayez promis
De ne point m'embraffer pendant une heure entiere,
—Phillis,commentveux-tu?...Philliss'obftine-Ehbien!
Soit, pas un feul baifer. Phillis alors s'empreffe
   De rompre fes nœuds : le moyen ,
Difoit-elle tout bas, qu'il tienne fa promeffe !.
Mais lui , pour fe venger , contraignit fon defir,
   Sans l'embraffer , il refte affis près d'elle.
Un moment paffe , & deux. On hafarde un foupir ,
   Puis un coup d'œil, puis un mot. Le rébelle
Voit , entend tout cela fans fe laiffer fléchir.
Daphnis , dit-elle enfin, l'heure eft , je crois , paffée.
   A peine eft-elle commencée ,
   Répondit-il. Phillis fourit ,
   Non toutefois fans un fecret dépit,
Elle attend ; mais bientôt, d'un air d'impatience,
   Oh! fûrement l'heure vient de paffer.
— Y penfes-tu? Qu'importe ? allons, plus de vengeance.
Comment as-tu donc fait pour ne pas m'embraffer ?
Dans fes mains auffi-tôt la belle, avec adreffe,
Cache à demi fon front. Le Berger triomphant,
Par cent baifers , alors fatisfait fa tendreffe.
Il gagnoit de bien peu. Las ! encore un moment,
   L'Amour emportoit fa promeffe.

IDYLLE XV.
L'ESPÉRANCE.

LE VIEILLARD LAMON, LYSIS, ET SA FEMME, (*tenant son fils à la mammelle.*)

LAMON.

AMIS, quel désespoir est peint sur vos visages !
Pourquoi fouler aux pieds vos naissantes moissons ?

LYSIS.

Laisse-nous fuir ces odieux rivages.

LAMON.

Quoi ! lorsque par vos soins ces champs rendus féconds !

LYSIS.

Que ne sont-ils encor rongés d'herbes sauvages !

LA FEMME.

O cher époux ! enchaînés à tes pas,
Mon fils & moi toujours nous suivrons notre pere.
Mais cependant pourquoi fuir ta chaumiere ?
Quand le sort nous poursuit, quel autre asyle, hélas !
S'ouvriroit à notre misere ?

LYSIS.

Un désert, ou la mort. Ces infâmes bourreaux !
A quel excès ils portoient la furie !
Dans leur avare barbarie,
Ils m'auroient arraché jusqu'à ces vils lambeaux,

L A M O N.

La paix fleurit fur cette heureufe terre,
Et tu parles de raviffeurs?

L Y S I S.

Ah! Lamon, non jamais la guerre
N'enfanta de telles horreurs.
Tu fçais quel Ciel brûlant a devoré nos plaines,
Filles d'un fol ingrat, mes débiles moiffons,
Refpirant du Midi les impures haleines,
De germes avortés ont couvert leurs fillons,
Tandis qu'un fol heureux voyoit fleurir les tiennes
Et parce que la terre a trompé mes travaux,
Parce que dans l'horreur d'une affreufe indigence
Je n'ai pu fatisfaire à d'accablans impôts,
   Sans pitié pour mon impuiffance,
Ils font venus, Lamon . . . peins-toi ces fcélérats,
Sur nos murs dépouillés roulant un œil farouche,
Meurtriffant mon époufe arrachée à mes bras,
   Et nous raviffant notre couche.
Arrêtés par la loi dans leur cruel larcin,
Ces monftres à regret nous laiffent nos charrues,
Ont-ils cru qu'épuifé de douleur & de faim,
   Pour affouvir d'exécrables fangfues,
J'irois d'un champ maudit creufer encor le fein ?
S'ils penfent que la vie ait pour nous tant de charmes,
Qu'ils viennent effayer nos pénibles labeurs !
O fillons trop long-tems baignés de mes fueurs,
   Vous ne boirez plus que mes larmes!

LAMON.

Dieu ! se peut-il ? quoi ! sans être attendris,
Des humains dépouillent leur frere ?

LA FEMME.

Eux touchés de notre misere,
Eux qui m'ont enlevé le berceau de mon fils ?

LYSIS (*prenant son fils d'entre les bras de sa*
femme, & le pressant contre son cœur.)

Malheureux fruit de nos tendresses,
Falloit-il naître, hélas ! pour un si triste sort ?
De tes bras innocens d'où vient que tu me presses ?

(*Le détournant de lui.*)

Finis ces touchantes caresses ;
Tu ne sçais pas les vœux que je fais pour ta mort !

LA FEMME (*reprenant son fils.*)

Barbare ! qu'as-tu dit ?

LYSIS.

Oui, plût au Ciel....

LA FEMME.

Arrête.

LYSIS.

Crois-tu que mon enfant me soit moins cher qu'à toi ?
Tu veux qu'il vive, & réponds-moi,
Dis, sçais-tu seulement où reposer sa tête ?
Tu veux qu'il vive ; & dans ton sein
Trouvera-t'il un lait que va tarir la faim ?
Te fais-tu donc un jeu des prieres humaines,
Dieu, qu'on peint si sensible au cri de nos douleurs ?
Je demandois un fils pour soulager mes peines ;
Et tu me l'as donné pour combler mes malheurs.

LAMON.

Modere, mon ami, cette douleur amere.

  Puifque le Ciel épargna mes moiffons,

Viens, je n'ai point d'enfans, je veux être ton pere.

Toi, ta femme & ton fils venez dans ma chaumiere,

Venez, le peu que j'ai nous le partagerons.

LA FEMME.

Quoi! bienfaifant vieillard, quand tout nous abandonne,

LYSIS.

Moi, j'irois abufer de fes dons généreux ?

LAMON.

  Viens, ne crains point, nous ferons tous heureux.

L'ami du Laboureur eft affis près du Trône.

LYSIS.

Ciel! qu'entends-je ?

LAMON.

          Oui, Lyfis, l'ami du Laboureur.

Grace te foit rendue, ô. notre jeune Prince,

Pour le choix bienfaifant qu'a fçu former ton cœur!

TURGOT faifoit fleurir une vafte Province,

Tu veux que tout l'Etat lui doive fon bonheur.

Vois déja de quel zèle il fuit ce noble ouvrage!

  Sourd aux clameurs de fes vils ennemis,

Soutiens de ton pouvoir fon généreux courage.

Liberté pour nos champs ! Ce don eft le feul gage

      De tous les biens qu'il t'a promis.

  Oui, fi ton cœur, touché de nos miferes,

Veut rendre à nos hameaux la richeffe & la paix,

Si jufques à ce jour le plus tendre des peres,

Tu veux toujours répondre à tes premiers bienfaits,
Donne, donne à TURGOT ta pleine confiance.
Vois comme les méchans en ont déja pâli.

LYSIS.

Quoi ! nous verrions encor refleurir l'abondance !

LAMON.

Comment se refuser cette douce espérance ?
HENRI vient de renaître , il retrouve Sully.

IDYLLE XVI.

L'INCONSTANCE,

OU

LE PAUVRE PHILÉNE.

Sɪ je peins ici les malheurs,
Où bien fouvent l'Amour nous jette,
Je n'en veux point au Dieu des cœurs,
N'ai-je pas le cœur de Lifette ?
Ce que je veux, c'eft qu'un jour l'avenir
D'un malheureux Berger dans ces Vers s'entretienne.
Venez, tendres amans, &, du pauvre Philéne,
Confervez bien le fouvenir.

Tous fes biens étoient fon troupeau.
Tout fon bonheur une bergere.
Pour quelques jours, loin du hameau,
Elle devoit fuivre fon pere.
Que de fermens avant que de partir !
Sylvie, Ah! qui l'eût dit que ta foi fût fi vaine !
Pleurez, tendres amans, & du pauvre Philéne
Confervez - bien le fouvenir.

Huit jours entiers s'étoient paffés,
Il n'entendoit point parler d'elle.
Tendres cœurs, vous fentez affez
Quelle étoit fa peine cruelle.
Voici les Vers qu'en fon trifte loifir,
Ce malheureux Berger grava fur un vieux chêne.
Ecoutez-les, de grace, & du pauvre Philéne
Confervez bien le fouvenir.

Il n'eft plus de bonheur pour moi;
Tu me fuis, cruelle Sylvie.
Comment vivrai-je loin de toi,
Qui faifois le fort de ma vie ?
Dans les langueurs d'un ftérile defir,
De mes jours importuns je vais traînant la chaîne;
Mais toi, qui fçait, hélas! fi du Pauvre Philéne
Tu conferve le fouvenir ?

De nos derniers embraffemens
Rappelle-toi la douce ivreffe,
Souviens-toi combien de fermens
Te répondent de ma tendreffe.
Je fuis bien fûr de ne les point trahir,
Moi qui fçaurois t'aimer accablé de ta haine.
Mais toi, qui fçait, hélas! fi du pauvre Philéne
Tu conferves le fouvenir ?

Pardonne, je connois ton cœur;
Non, Silvie, il n'eft point volage.

Mais

Mais contre un Berger féducteur
Comment fe défendre à ton âge ?
Par des pleurs feints il fçaura t'attendrir ;
Tu croiras que mon ame a paffé dans la fienne.
Qui peut répondre alors que du pauvre Philéne
Tu conferves le fouvenir ?

En ces mots, le tendre Pafteur
Formoit fes douloureufes plaintes.
Mais, hélas! Silvie , à fon cœur,
Devoit porter d'autres atteintes.
Quel morne effroi vient un jour le faifir !
Il entend Pholoé qui dit à Céliméne :
Tyrcis aime Sylvie , & du pauvre Philéne
Elle a perdu le fouvenir.

Le cœur déchiré de ce trait,
Il vole foudain vers fa Belle.
Quel fpectacle ! dans un bofquet
Il voit Tyrcis & l'infidelle. . . .
Il tombe. En vain on veut le fecourir ;
Le fouffle de la mort a glacé fon haleine.
Sylvie apprend fa fin. . . Mais Tyrcis de Philéne
A remplacé le fouvenir.

O monftre de déloyauté !
Les Dieux n'ont-ils mis leur puiffance
A te donner tant de beauté ,
Que pour fervir ton inconftance ?

D

Ah ! que ces Dieux ardens à te punir,
À l'horreur de ton crime en mesurent la peine !
Jouet de vingt Bergers, que du tendre Philéne
   Tu conserves le souvenir !

   Si j'ai peint ici les malheurs,
   Où bien souvent l'Amour nous jette,
   Je n'en veux point au Dieu des cœurs :
   N'ai-je pas le cœur de Lisette ?
Ce que je veux, c'est qu'un jour l'avenir
D'un malheureux Berger dans ces Vers s'entretienne,
Allez, tendres Amans, & du pauvre Philéne
   Gardez toujours le souvenir.

IDYLLE XVII.

L'ORAGE FAVORABLE.

Pourquoi prendre, ô Thémire, un maintien fi
 févere ?
 Puifqu'on ne peut rifquer, fans te déplaire,
Un mot, un petit mot, le moindre mot d'amour,
 Las ! il faut bien que j'apprenne à me taire.
Mais vois quelles vapeurs obfcurciffent le jour ;
Entends de toutes parts les Autans, fur nos têtes,
Affembler à grand bruit tempêtes fur tempêtes.
Si tu veux au bercail ramener ton troupeau,
  Je viens t'offrir de le conduire,
  Aux accords de mon chalumeau.
  Tu ris de mes craintes, Thémire ;
Ne tardons point, crois-moi, de rentrer au hameau.
Vois les vents échappés des flancs de ces montagnes,
Renverfer les épis dans le creux des fillons,
  Et jufqu'aux Cieux, pouffer, en tourbillons,
  Le fable épars fur les campagnes,
Ce bruiffement fourd de la fombre forêt,
Ces nuages obfcurs fondant en large pluie,
Ces longs cris des oifeaux, & leur vol inquiet,
Ces fleurs laiffant tomber leur couronne flétrie ;
Tout me préfage. Eh bien ! Dieux ! quels affreux éclairs !
    D ij

On croiroit voir, fous les coups du tonnerre,
   S'écrouler la voûte des airs,
Et les Cieux s'engloutir dans les flancs de la terre
Tu cours. Il n'eſt plus tems. Viens. Où vas tu ? Suis-moi.
Ton chien fous ce rocher nous découvre un afyle.
Suivons-le. Tu pâlis ? Thémire fois tranquille,
Sans te parler d'amour, j'y ferai près de toi.
Ce lieu, de deux amans, fut fouvent la retraite.
Qu'il vit de doux larcins & de tendres faveurs!
Il va n'être témoin que d'une ardeur difcrete,
Hélas! il ne verra que d'injuſtes rigueurs.
Quel Berger cependant plus fidèle ou plus tendre,
Mérita mieux... Mais non, non, cachons mon tourment.
Thémire, tu croirois que je veux te furprendre.
Pourtant fi tu voulois, fi tu voulois m'entendre!
Quand pourrois-je trouver un plus heureux moment?
Mais quoi! dans ta frayeur, tremblante & fans haleine,
Comme fi tu craignois que je puffe te fuir,
   Tu ferres ma main dans la tienne,
   Pour tâcher de me retenir ?
Connois-toi donc, Thémire. Eſt-ce par la contrainte
   Que l'on s'enchaîne à tes genoux ?
Moi te fuir ? de mon fort un dieu feroit jaloux.
Mais ce bonheur, hélas! je le dois à la crainte.
Thémire, ah! fi c'étoit un fentiment plus doux!
Laiffe-moi m'abufer. Cette erreur m'eſt fi chere!
Quoi! fur tes fiers dédains je m'étois donc mépris?
   Cet air froid qui me défefpere,
La pudeur te le donne & non pas le mépris.

Tu ne me réponds rien, cruelle, eſt-ce le prix
Dont tu devrois . . . mais quoi! tu baiſſes ta paupiere.
Ta rougeur . . . un ſoupir . . . Thémire, tu ſouris !
Ah! c'eſt m'en dire aſſez, oui, j'entends ce langage.
Et toi qui de mes maux devois finir le cours,
Redouble tes fureurs, ô bienfaiſant Orage,
   Voici le plus beau de mes jours.

IDYLLE XVIII.
LES BERGERES
AU BAIN.
IRIS ET ÉGLÉ.

ÉGLÉ.

QUOIQUE penché vers l'horifon,
Le foleil de fes feux dévore le bocage.
Veux-tu m'en croire, Iris ? allons fur ce rivage ;
    Parmi des touffes de gazon ,
Nous pourrons y goûter la fraîcheur de l'ombrage.

IRIS.

Allons, allons ; Eglé, je fuis tes pas.
Avance encore un peu. Ces bouquets de lilas
    Me retombent fur le vifage.

EGLÈ.

Nous fommes bien ici. Dieux ! quel ruiffeau charmant.
    On voit jufqu'au fond de fon onde.
    Ecoute, Iris, l'air eft brûlant,
    La fource n'eft pas bien profonde ,
Plongeons-nous dans fes eaux jufqu'au fein feulement.

IRIS.

Et fi l'on vient ! tu fçais que je fuis fi craintive.

E G L É.

Aucun Berger ne fçait notre deffein ,
Aucun fentier ne mene à cette rive ;
Ce feuillage entr'ouvert par un zéphir badin ,
Ne laiffe entrer qu'une lueur furtive ,
Et puis fe referme foudain.

I R I S.

Ta confiance me raffure ,
Si tu l'ofes , Eglé , je puis l'ofer vraiment.

Elles ont dit. Leur dernier vêtement
Déja tombe fur la verdure ,
Les flots déja , d'une fraîche ceinture ,
Embraffent leur corps frémiffant.
Long-tems ces flots careffent chaque Belle ;
Eglé parmi des joncs allant enfin s'affeoir :
Qu'allons-nous faire , Iris ? ça , lui dit-elle ,
Pour paffer le tems jufqu'au foir ,
Si nous chantions quelque chanfon nouvelle ?

I R I S.

Y penfes-tu ? chanter ! le beau projet !
Dans le bofquet voifin veux-tu te faire entendre ?

E G L É.

Ah ! je n'y fongeois plus.

I R I S.

Pour nous faire furprendre
Par quelque Berger indifcret ?

E G L É.

Eh bien ! parlons tout bas. Sçais-tu ce qu'il faut faire ?
Conte-moi quelque hiftoire , une hiftoire d'amour.

D iv

Tu raconteras la premiere,
J'en dirai quêlqu'autre à mon tour.

I R I S.

J'en fçais bien une aſſez jolie,
Mais . . .

E G L É.

Crois que ce feuillage eſt moins diſcret que moi,

I R I S.

Oh! pour celle-ci, non. C'en eſt une autre.

E G L É.

Eh quoi !

Te cacher de ta bonne amie ?
Ai-je un penſer qui ne ſoit pas à toi ?

I R I S.

Tiens donc, écarte un peu les branches de ce ſaule,
De ce côteau lointain vois-tu bien le ſommet ?
Et ce vieux cériſier ? . . . Mais ne ſuis-je pas folle
Te dire mon plus grand ſecret ?

E G L É.

Que crains-tu ?

I R I S.

Je ne ſçais, & cependant je n'oſe,

E G L É.

Les jeunes filles, dans le bain,
Se cachent-elles quelque choſe ?

I R I S.

Il eſt vrai, mais. . . .

E G L É.

L'hiſtoire étoit en ſi bon train !

I R I S.

Une autre fois peut-être....

E G L é.

Eh ! bons dieux! quel myftere !
Veux-tu la dire ou non ?... tu ne veux pas?... Eh bien!
Va , garde ton fecret , je garderai le mien.
J'avois auffi des aveux à te faire ;
Mais tu n'en fçauras jamais rien.

I R I S.

Tu me diras donc tout ? Que tu deviens preffante !
Allons , embraffons-nous. Du côteau que tu vois,
Hier au foir , Eglé , je remontois la pente,
J'entends mon nom chanté par une douce voix ,
Et la chanfon étoit charmante.
Confufe , je m'arrête ; & , non pas fans rougir ,
Je parcours d'un regard tout ce qui m'environne ;
Mais j'ai beau regarder , je n'apperçois perfonne.
J'avance... vers mes pas la voix femble venir.
J'avance encor ; la voix vient du côté contraire.
C'étoit du cérifier , Eglé , qu'elle partoit ,
Et je l'avois paffé. La chanfon me nommoit ;
Mais Iris eft le nom de mainte autre Bergere :
Si ce n'étoit pas moi !... Dis , que devois-je faire ?
Les yeux baiffés & l'efprit inquiet ,
Je gagne à pas lents ma chaumiere.
Sur l'arbre cependant tu crois bien que par fois,
Je portai l'œil ; mais j'étois fi troublée ,
Que je ne pus y voir perfonne. Enfin la voix
Se tut. Et , l'avoûrai-je ?... Ah! j'en fus défolée.

E G L É.

Oui, mais le lendemain....

I R I S.

Dis, la nuit même.

E G L É.

Bon !

I R I S.

Ecoute. Dans ma couche à peine fuis-je entrée,
J'entends la même voix & la même chanſon,
    Les mêmes que dans la ſoirée.
Tu ris ? Ce n'eſt pas tout. Le flambeau de la nuit
 Verſoit ſur notre toit ſa paiſible lumiere.
Je vois, (l'ombre en venoit juſqu'au pied de mon lit,)
Je vois, à ma fenêtre, un Berger qui, ſans bruit,
Y ſuſpend en feſtons ſa guirlande légere.
Je crus que mon eſprit, par un rêve égaré,
Se formoit à plaiſir ce gracieux menſonge.
Auſſi, quand le Berger dût s'être retiré,
(Ne falloit-il pas voir ſi ce n'étoit qu'un ſonge ?)
Je me leve, je vais, j'ouvre... Dieux ! ſous ma main,
    Je trouve, dans une corbeille,
    Des fruits, Eglé, d'un goût ſi fin,
    Puis une roſe ſi vermeille !

E G L É.

Et, ſçais-tu quel Berger ?....

I R I S.

Oh ! oui ; car cette fois,
Je ne me trompe point, j'ai reconnu ſa voix.

EGLÉ.

Et fon nom ?

IRIS.

Oh ! voilà ce qu'on ne peut te dire.

EGLÉ.

Non, non, ne me dis point que ç'étoit Sylvanire.

IRIS.

Qui ! ton frere ?

EGLÉ.

Oui, lui-même. Ah ! je vois maintenant
Pourquoi de fa corbeille il foignoit tant l'ouvrage.
Moi, qui me promettois un fi joli préfent !
Il en a fait, fans doute, un bien meilleur ufage.

IRIS.

Qui te dit que c'eft lui ?

EGLÉ.

Qui ? ta vive rougeur,
Et tes regards baiffés ; tout trahit le myftere.
Tu te caches, Iris ? eft-ce un fi grand malheur ?
Mon frere t'aime... Eh bien ! aime mon frere ;
Je te chéris déja comme ma fœur.

IRIS.

Oui, mais il ne faut point lui dire que je l'aime.
Un Berger, à notre air, affez-tôt le connoît.

EGLÉ.

J'ai peur de garder ton fecret,
Bien mieux encore que toi-même.
Mais puifque c'eft à moi de parler à mon tour,
Tu fçais qu'à la moiffon, Lycas, de fa naiffance,

Par un feſtin joyeux, ſolemniſa le jour.
Myrtil y vint, Myrtil, tel qu'on nous peint l'Amour.
Tous les deux, par haſard, nous ouvrîmes la danſe.
Dieux! de quel pied léger.. mais, écoutons.. j'entends..
Un grand bruit...

I R I S.

Que ſeroit-ce ?

E G L É.

Il redouble, il approche.

I R I S.

O Nymphes, ſauvez-nous !

E G L É.

Prenons nos vêtemens,
Enfuyons-nous ſous cette roche.

L'une & l'autre ſoudain fuit comme un paſſereau,
Qu'un vorace Epervier pourſuit à tire d'aîles.
Et ce n'étoit qu'un Faon auſſi timide qu'elles,
Qui venoit ſe baigner dans le même ruiſſeau.

IDYLLE XIX.

LE TORRENT.

Orgueilleux enfant de l'orage,
Dans tes flots, rapide Torrent,
Ouvre-moi, de grace, un paffage;
Je vole à Chloris qui m'attend.
Chloris, au lever de l'aurore,
Doit fe rendre fur ces côteaux;
Tu vois quel ennui me dévore,
Et tu fembles groffir encore
Le courant fougueux de tes eaux!
Ai-je mérité ta colere,
Sur tes bords, moi qui, tous les jours,
Prends foin d'amener ma Bergere?
Au bruit de ton onde légere,
Moi, qui viens chanter mes amours?
Fiers de leur antique mémoire,
Si déja cent fleuves féconds
Deviennent jaloux de ta gloire,
Tu ne le dois qu'à mes chanfons.
Lorfque l'été, dans nos bocages,
Verfe fes bouillantes ardeurs,
Si tes Nymphes, fur leurs rivages,
Du fommeil goûtent les douceurs,

Elles me doivent ces ombrages.
Un moment fufpends tes fureurs.
Hier à peine ; de ta fourcé ,
Tu coulois , timide ruiffeau :
Détaché d'un humble arbriffeau ,
Un feuillage eût borné ta courfe.
Aujourd'hui , torrent orageux ,
Tu répands l'effroi fur tes traces ;
Dans ces champs témoins de nos jeux,
Tu roules tes flots écumeux ,
Ma voix te conjure , & tu paffes.
Eh bien ! hâte-toi de jouir
De cette grandeur étrangere ;
Telle qu'une ombre menfongere ,
Tu vas la voir s'évanouir.
Et moi , fur ta rive honteufe ,
D'un feul pas franchiffant ton lit ,
Je te verrai , dans ton dépit ,
Ne traîner qu'une onde bourbeufe
Jufqu'au fleuve qui t'engloutit.

IDYLLE XX.

LE PETIT BERGER

BIENFAISANT.

LYCAS ET MYRTIL.

Pour réchauffer les glaces de fon âge,
Aux feux naiffans du jour, devant fon toît affis,
Lycas vit, près de lui, Myrtil, fon petit-fils.
Myrtil comptoit déja le dixiéme feuillage,
  Et, du vieillard, les regards attendris
Parmi fes traits naïfs retrouvoient fon image.
Il le prit dans fes bras, & lui parlant des Dieux,
De fon petit troupeau, des jeux de fon enfance,
Des plaifirs qu'aux bons cœurs donnent la bienfaifance,
Il vit, à ce difcours, des pleurs baigner fes yeux.
Tu pleures, lui dit-il? Ce que tu viens d'entendre,
Jufqu'à ce point, mon fils, n'émeut pas feul ton cœur.
Non, il eft agité d'un fentiment plus tendre,
Laiffe-m'en avec toi partager la douceur.
  Myrtil vouloit fécher fes larmes,
Elles couloient toujours. -Mon pere, ah! je fens bien.
  Oui, je le fens, rien n'eft fi plein de charmes,
    Que de pouvoir faire du bien.

-Mais pourquoi donc, Myrtil, détournes-tu la vue?
     Tes pleurs redoublent. Autrefois,
Tu m'aurois laiffé lire en ton ame ingénue ;
     Tu ne m'aimes plus, je le vois.
-Qui, moi, ne plus t'aimer ! le croirois-tu, mon pere?
Eh bien, tu fçauras tout. Je vais te l'avouer.
Si je le fais, au moins, ce n'eft que pour te plaire.
Tu me l'as dit fouvent : du bien qu'on a pu faire
Doit-on être jaloux de s'entendre louer ?
Ma plus jeune brebis, hier, pendant l'orage,
     S'étoit perdue au fond du bois.
J'allois pour la chercher. D'une roche fauvage,
J'entends de loin fortir une tremblante voix.
Je m'approche, c'étoit un vieillard de ton âge.
Il portoit fur fon dos un fardeau bien pefant,
     Qu'il fit glisser à terre en foupirant.
Quel fort cruel, dit-il, après un court filence !
N'aurai-je donc jamais un moment de repos ?
Faut-il, quand l'homme oifif nâge dans l'abondance,
D'un vil pain de douleur voir payer mes travaux?
Aux ardeurs du midi, fur la terre embrâfée,
     Errant accablé de ce faix,
   Je trouve enfin, je trouve ce lieu frais,
Mais rien pour réparer ma vigueur épuifée.
Mon toît eft loin encore, & fût-il proche, hélas !
Mes genoux chancelans fous le poids qui m'accable,
     Ne fçauroient plus me traîner à cent pas.
Pourtant contre les Dieux je ne murmure pas,
Ils m'ont tendu toujours une main fecourable.

                             Il

Il dit, & fur fon faix il s'étend. Moi foudain
  Je vole ici. Sans rien dire à ma merè,
Je prends des fruits nouveaux, du lait frais & du pain,
  Et cours foulager fa mifere.
Il repofoit. Sans bruit, j'entre fous le rocher.
Je pofe auprès de lui ma coupe & ma corbeille,
Et, parmi des buiffons, je m'en vais me cacher.
  Une heure paffe, il fe réveille.
Que le fommeil, dit-il, eft un Dieu bienfaifant!
Le foir s'avance, allons. Quittons cette retraite.
Et reprenant fon faix : Dieux! comme il eft pefant!
Mais n'a-t'il pas fervi pour repofer ma tête?
Peut-être que les Dieux voudront guider mes pas.
Je puis, dans ces déferts, trouver une chaumiere.
A fes côtés alors il voit ma panetiere,
  Et fon fardeau retombe de fes bras.
Malheureux que je fuis! quel eft ce vain menfonge
  Qui m'égare dans mon fommeil?
  Je rêve encore. A mon réveil,
Tout va fuir : mais non, non : non ce n'eft point un fonge.
Il prend du lait, des fruits. O mortel généreux,
Qui te plais à cacher ta noble bienfaifance,
Reçois le doux tranfport de ma reconnoiffance!
Que ne puis-je te voir & t'embraffer! Grands Dieux!
Sur lui, fur tous les fiens répandez l'abondance.
Je fuis raffafié, mais j'emporte ces fruits.
Je veux que mes enfans, ma femme, s'en nourriffent;
Qu'en une voix, ce foir, tous nos cœurs réunis,
Chantent mon bienfaiteur, le chantent, le béniffent.

E

Il fe leve à ces mots. Prompt à le devancer ;
A travers les buiffons je cours dans la prairie,
Et m'affieds en un lieu qu'il devoit traverfer.
Il m'apperçoit. Mon fils, viens, dis-moi, je te prie,
  Aurois-tu vu quelqu'un paffer ?
Non, dis-je, bon vieillard. Mais d'où viens-tu ? fans doute
  Tu t'es égaré dans ta route.
-Oui, mon ami, j'allois au Village prochain.
Étranger dans ces lieux, je ne les puis connoître.
Je croyois par ce bois abréger mon chemin ;
Mais il eft fi défert, que, fans un Dieu peut-être,
J'y ferois déja mort & de foif & de faim.
Eh bien ! à ce Village allons que je te mene,
Lui dis-je, fur mon bras appuye un peu ta main,
  Pour me fuivre avec moins de peine.
Si j'étois affez fort, je prendrois ton fardeau,
Et je le conduifis jufqu'au prochain hameau.
Tu l'as voulu fçavoir. Eh bien ! voilà, mon pere,
Ce qui de joie encor me fait tout treffaillir.

 Ce que j'ai fait, ne coûtoit rien à faire,
Si tu fçavois pourtant combien j'ai de plaifir
D'avoir de ce pauvre homme adouci la mifere !
Si je fuis fi content pour fi peu, Dieux ! combien
Doit être heureux celui qui fait beaucoup de bien !

Le fort peut maintenant me ravir la lumiere,
Dit Lycas, fur fon cœur preffant fon petit-fils ;
  Lorfque mes jours feront finis,
La Bienfaifance encor vivra dans ma chaumiere.

IDYLLE XXI.
LE PRÉSAGE.

MYSIS ET HYLAS.

Mysis.

Dans le bofquet du Temple de l'Amour,
J'étois allé confacrer une offrande ;
C'eft ce panier, Hylas, que tu vis l'autre jour.
Je l'attachai, du bout de ma guirlande,
   Au plus beau myrte d'alentour.
Hier, dans le bofquet, allant joindre Céphife,
   Je voulus revoir mon panier.
  O, mon ami, quelle douce furprife !
   J'apperçois fur l'anfe un ramier.
Il roucouloit. J'approche. Il fuit à ma préfence.
  Dans mon panier je trouve un nid charmant.
Ils étoient deux petits. Nés depuis un moment,
   Ils chantoient déja leur naiffance.
La mere, de fon aîle, ardente à les couvrir,
  Sembloit me dire en un touchant langage :
Te plairois-tu, Berger, à nous faire fouffrir ?
Berger, ne trouble point un paifible ménage.
Attendri, je m'éloigne, & le pere inquiet,
Qui voloit tout autour de feuillage en feuillage,

            E ij

Sur le bord du panier retombe comme un trait.
Que fa compagne & lui, par de vives careffes,
S'exprimoient leurs tranfports joyeux !
Et moi qui fentois tous leurs feux,
Je jouiffois de leurs tendreffes.
Or maintenant, toi, qu'un profond fçavoir
Rend depuis vingt moiffons l'Oracle du Village,
Veux-tu m'expliquer ce Préfage ?
Quelle efpérance, Hylas, en dois-je concevoir ?

HYLAS.

Que ta Bergere & toi, dans une paix profonde,
Vous allez couler d'heureux jours ;
Et que de Lucine féconde,
Vous verrez bénir vos amours.

MYSIS.

O quel Préfage heureux ta fageffe m'annonce !
Par les Dieux immortels ! je l'expliquois ainfi.
Adieu, prends ce chevreau. Céphife eft près d'ici.
Elle va mieux encor me payer ta réponfe.

IDYLLE XXII.
LA TEMPÊTE.
LYCAS ET PALÉMON.

Un silence effrayant s'étendoit dans les airs.
Tels que des monts altiers, de ténébreux nuages,
S'élevant pesamment de l'abyme des mers,
Sur l'horifon obscur entassoient les orages.
Les Bergers, à grands pas, regagnoient les hameaux.
Seuls, du haut d'un rocher, dont la cime hardie
En demi-voûte au loin s'élançoit sur les flots,
Lycas & Palémon laissant fuir leurs troupeaux,
De l'orage naissant attendoient la furie.
Que j'aime, dit Lycas, ces lugubres horreurs !
Dépouillés de leurs fruits, nos champs, du noir Borée,
  N'ont plus à craindre les fureurs,
Je ne sçais quel transport surmontant mes terreurs,
  Verse en mon ame une ivresse sacrée.
Quel spectacle imposant frappe déja nos yeux !
L'orage dort encor dans un morne silence,
Mais qu'il s'éveillera d'un réveil furieux !
Si l'aspect d'un beau jour peint la bonté des Dieux,
Qu'ils font dans la Tempête éclater leur vengeance !

E iij

PALÉMON.

Ce n'eſt pas nous au moins que pourſuivent leurs coups.
Qui pourroit leur déplaire en d'innocens aſyles,
Élever nos troupeaux, rendre nos champs fertiles,
Ne ſont point des forfaits dignes de leur coutroux.

LYCAS.

Eh bien, reſtons ici. La foudre, ſur nos têtes,
Fait déja retentir ſes longs ébranlemens,
   Du fond de leurs ſombres retraites,
Entends-tu des troupeaux les ſourds mugiſſemens ?
Ils ſont tous déchaînés, les enfans des Tempêtes.
Vois l'Olympe vomir un déluge de feux,
Des arbres fracaſſés vois ſe courber la cime,
Et les flots combattus des vents ſéditieux,
En rochers eſcarpés s'élever juſqu'aux cieux,
Puis, énormes torrens, retomber dans l'abyme.

PALÉMON.

Ciel !... un vaiſſeau, Lycas !... A ces infortunés,
Sauvez, Dieux immortels, ſauvez du moins la vie.
Mais ſur eux, à grand bruit, la vague appeſantie...
Sous les flots tournoyans ils roulent entraînés.....
Malheureux ! pourquoi fuir votre douce patrie ?
N'y pouviez-vous en paix goûter un heureux ſort,
Sans affronter des mers l'horrible précipice ?
Voyez où vous conduit une folle avarice,
Vous cherchiez la richeſſe, & vous trouvez la mort.

LYCAS.

De leurs larmes, en vain, vos enfans ſolitaires
   Arroſeront les foyers paternels ;

En vain, dans leurs tendres prieres,
Iront-ils de Neptune embraffer les autels ?
Il eft férmé pour vous le tombeau de vos peres.
Dieux ! fi vous nous aimez, ne fouffrez pas au moins.
Que pour chercher comme eux une vaine opulence
J'abandonne les champs où je pris la naiffance,
Lorfque mon feul troupeau fuffit à mes befoins.

PALÉMON

Viens, defcendons, Lycas. Peut-être fur la plage,
Trouverons-nous leurs corps revomis par les flots:
S'ils vivent, de leurs fens nous leur rendrons l'ufage;
    S'ils ne font plus, de propices tombeaux,
A leurs mânes plaintifs, fur l'infernal rivage,
    Vont affurer un éternel repos.

Ils defcendent foudain. Étendu fur l'aréne,
Un jeune homme y rendoit le foupir de la mort.
Rien ne put ranimer fon expirante haleine.
Son tombeau, de leurs mains, fut creufé fur ce bord.
Et lorfqu'ils y venoient, aux Dieux du fombre empire
Porter, en fa faveur, leurs vœux compatiffans,
Des avares humains ils plaignoient le délire,
Et reprenoient joyeux leurs travaux innocens.

IDYLLE XXIII.
LA CHANSON
DE LA NUIT.

L'Amour connoît-il le repos ?
Au tems où le Sommeil, d'une urne bienfaisante,
Verse à tous les mortels l'oubli de leurs travaux,
Daphnis veilloit au seuil du toît de son Amante.
    Et sur la plaine, & dans les airs,
Régnoit profondément un amoureux silence.
Phœbé, discret témoin, l'Echo des champs déserts,
    Etoient seuls dans sa confidence.
    A demi-voix, Daphnis chanta ces vers.

La nuit livre au repos la nature épuisée :
O Phillis ! du sommeil goûte en paix les douceurs,
Telle qu'au sein d'un lys dont la fraîche rosée,
Quand nul zéphyr encor ne balance les fleurs.

Vous, songes des hameaux, des plus douces images,
Bercez légérement son esprit satisfait ;
N'offrez à ses regards que de verds pâturages,
Et de jeunes brebis plus blanches que leur lait.

Sous un berceau de myrte, au sein d'une onde pure,
Qu'elle croye agiter ses membres frémissans ;

Tandis que mille oifeaux, cachés dans la verdure
En un joyeux concert uniffent leurs accens.

Qu'un de vous à fes pieds daigne enfin me condufire.
Elle ignore les maux qu'Amour me fait fouffrir.
Ah ! fur fa bouche alors puiffe naître un fourire,
Et de fon cœur ému s'échapper un foupir !

Ainfi chanta Daphnis, Puis, d'une main légere,
  En longs feftons, au toît de fa Bergere,
  Il fufpendit la rofe & le jafmin.
Bientôt, de fa cabane, il reprit le chemin.
   Les doux fonges de l'efpérance,
Des heures de la nuit tromperent la longueur.
Le jour alloit briller, joyeux il le devance,
Vole au toît de Phillis, la cherche, à fa préfence,
Voit fon front s'animer d'une vive rougeur.
Il voulut lui parler, n'en eut point le courage ;
Mais il vit que des yeux la belle le fuivit
   Jufques au détour du bocage ;
Elle avoit entendu la Chanfon de la nuit.

IDYLLE XXIV.
LE SÉNATEUR
DEVENU BERGER.

Élevé, dans Corinthe, aux suprêmes grandeurs,
　　Contre d'avides oppresseurs,
Phoclès avoit du Peuple embrassé la défense ;
Mais, victime à son tour, de leur lâche puissance,
Dépouillé de ses biens, privé de ses honneurs,
　　Banni des lieux de sa naissance,
Il se vit relégué parmi d'humbles Pasteurs.
De ses concitoyens, la noire ingratitude,
Accabla quelque tems son cœur navré d'ennuis.
Il consumoit les jours, il consumoit les nuits,
　　A gémir dans la solitude.
Errant seul un matin en son nouveau séjour,
Le sort le conduisit sur de hautes montagnes,
D'où son œil, dans l'éclat des feux naissans du jour,
　　Embrassoit d'immenses campagnes.
Ici, sur des rochers, un torrent écumant
　　Précipitoit ses ondes en furie ;
Là, de petits ruisseaux, sur la plaine fleurie,

IDYLLES.

S'enlaçoient amoureusement.

De cent parfums divers les essences légeres,

Les trésors étalés au penchant des côteaux,

Les chants de l'allégresse, aux rustiques travaux,

Animant les Bergers auprès de leurs Bergeres,

De mille voluptés à son ame étrangeres,

   Tout enivroit ses sens nouveaux.

   Une extase silencieuse

  Contint d'abord ses profonds sentimens;

Mais n'en pouvant dompter la fougue impérieuse,

Il laissa de sa bouche échapper ces accens.

Quels ravissans transports! ô Nature, Nature!

Que j'aime à contempler tes augustes beautés!

   Quel faste pompeux des Cités

   Egale ta simple parure?

Pourquoi, dès ma naissance, arraché de ton sein,

Te viens-je, hélas! si tard, consacrer mon hommage?

Tous mes biens désormais vont couler de ta main.

   O loix profondes du destin!

Mon bonheur, des méchans va donc être l'ouvrage.

Qu'ils ont été trompés dans leurs cruels desirs!

  Je n'en veux point, ô Dieux! d'autre vengeance,

  Ils sont assez punis par les nouveaux plaisirs,

   Dont je leur dois la jouissance.

Et que m'ont enlevé leurs indignes complots?

Avec des soins amers, des honneurs insipides,

Quelques plaifirs faux & rapides,
    Mêlés de pénibles travaux.
Ah ! mes plus vifs regrets ne font pas pour moi-même,
Que vas-tu devenir, ô Peuple infortuné ?
Aux piéges des méchans, fans guide, abandonné,
Où prendre un défenfeur contre leur rage extrême ?
L'homme de bien pâlit, de mon fort confterné.
Plus que mes ennemis, ardent à me profcrire,
Ton aveugle inconftance a fervi leur fureur ;
    Je te pardonne ton erreur :
Leur voix calomnieufe avoit fçu te féduire,
Et tu n'as pu percer dans le fond de mon cœur.
Mais ces lâches amis, qui, de toute ma vie,
Ont connu, comme moi, les intimes fecrets,
    Par quelle affreufe perfidie,
Ont-ils laiffé noircir mes bienfaifans projets ?
Tandis que de mes dons leurs mains font encore pleines,
Les ingrats m'ont fermé leurs cœurs vils & pervers ;
    Je n'apporte ici que mes peines,
    Et tous les cœurs me font ouverts,
    O bons Bergers ! avec quelle tendreffe
    Vous m'avez reçu dans vos champs !
Par quels foins je vous vois confoler ma trifteffe !
Le vieillard vient m'offrir fes entretiens touchans,
    La jeune Bergere, fes chants,
    L'enfant, une douce careffe.

Les voilà, les voilà, mes vrais, mes bons amis !
Avec vous désormais, ah ! souffrez que je vive !
Je n'y traînerai point une vieillesse oisive ;
Je veux être Berger, donnez-moi des brebis.
A cultiver ces champs mes mains sont toutes prêtes.
   Ne craignez pas que mes chagrins jaloux
Portent un air de deuil en ces calmes retraites.
   Je veux bientôt, aussi joyeux que vous,
     Me mêler à toutes vos fêtes.
Pardonnez-moi, grands Dieux ! si par d'affreux malheurs
Je vous ai reproché d'empoisonner ma vie ;
Si, pour subir vos loix, fuyant de ma patrie,
J'ai tourné vers ses murs des yeux chargés de pleurs :
    Qui m'eût dit que votre sagesse,
    Du sein des plus vives douleurs,
A la félicité dût guider ma vieillesse ?
Forêts, recevez-moi sous vos ombrages frais,
Laissez-moi parcourir vos paisibles chaumieres.
Le fer n'est point caché dans mes mains meurtrieres.
Je n'apporte chez vous que des pensers de paix.
O paisible ruisseau, sur ta rive fleurie,
Je vais, devant les Dieux, repasser tous mes jours,
Bien sûr, malgré les cris de l'implacable Envie,
Bien sûr qu'aucun forfait n'en a souillé le cours.
Avant de t'abymer dans les plaines profondes,

Tu vas répandre au loin la vie & la gaîté ;
Si je ne goûte plus cette félicité ,
Mes ans vont s'écouler , aussi purs que tes ondes
    Dans le sein de l'éternité.

PIGMALION,

SCENE LYRIQUE

DE J. J. ROUSSEAU.

PRÉFACE.

LORSQUE l'ingénieux Auteur du Traité fur le Mélo - Drame *propofa d'entreprendre la réforme de notre Opéra pour l'exécution de la Scene Lyrique de* M. J. J. ROUSSEAU, *tous les gens de goût, perfuadés, comme lui, que le fuccès de cette Piéce feroit l'époque d'une grande révolution, parurent defirer qu'appellé pour la feconde fois, au Temple de l'Harmonie,* PYGMALION *y prêtât encore la pompe mélodieufe des Vers à l'expreffion brûlante de fon amour. C'eft d'après une opinion fi judicieufe que je me fuis engagé dans cette entreprife : heureux, fi mon atten-*

F

tion scrupuleuse à employer , le plus qu'il m'a été possible , les expressions de génie de l'immortel Genevois , peut me faire pardonner ma témérité !

PYGMALION,
SCENE LYRIQUE.

PYGMALION.

(Assis & accoudé, il rêve dans l'attitude d'un homme inquiet & triste ; puis se levant tout-à coup, il prend sur sa table les outils de son art, va donner, par intervalles, quelque coup de ciseau sur quelqu'une de ses ébauches, se recule, & regarde d'un œil mécontent & découragé.)

Je ne vois sur ces traits ni sentiment, ni vie.
Ce n'est que de la pierre. O mon premier génie !
  O mon talent ! qu'êtes-vous devenus ?
Tout mon feu s'est éteint, ma verve s'est glacée ;
Sous mes doigts créateurs le marbre ne vit plus.
  Pygmalion ! ta gloire est éclipsée.
  Allez, instrumens odieux,
Ne déshonorez plus la main qui fit des Dieux.

(Il jette avec dédain fon maillet & fon cifeau, & fe promene quelque tems à grands pas, d'un air rêveur, & les bras croifés.)

Mais quelle eft donc en moi cette métamorphofe,
Dont mon efprit confus craint d'entrevoir la caufe?
Ces pompeux monumens, ces chefs-d'œuvres des arts,
   Qui dans vos murs, ô Tyr, ô ma patrie!
     Appellent l'œil de toutes parts,
Ne fixent plus fur eux mes avides regards.
Tout plaifir eft perdu pour mon ame flétrie!
L'entretien du Poëte eft pour moi fans attraits ;
Je vois avec froideur les palmes de la gloire :
Tout, jufqu'à l'amitié, tout meurt dans ma mémoire,
Ou n'y vient réveiller que d'impuiffans regrets.
Et vous, jeunes beautés, le charme de ma vie,
    Vous qui m'embrafiez tour-à-tour
    Des douces flammes de l'amour,
    Et du noble feu du génie,
Tréfors de la nature, ô modèles charmans
    Qu'imitoit ma main enchantée!
Depuis que cette main a créé GALATHÉE,
    Vous m'êtes tous indifférens.

(Il s'affied pendant quelques inftans, & contemple tout autour de lui.)

Enchaîné dans ce lieu par un charme invincible,
Qu'y fais-je ? A difpofer quelque marbre groffier,
A tenter, fans idée, une ébauche pénible
    Je paffe le jour tout entier.

Errant de marbre en marbre, incertain & timide,
  Mon ciseau méconnoît son guide :
Et ces bustes muets, ces grouppes mal formés
  Ne sentent plus la main rapide,
  Qui d'un trait les eût animés

  (Il se leve impétueusement.)

C'en est fait, c'en est fait, j'ai perdu mon génie ;
  Si jeune, hélas! survivre à mon talent!
  Mais quel est ce transport brûlant
  Dont mon ame est encor saisie ?
Eh quoi! dans les langueurs d'un génie épuisé,
Sent-on des passions cette ivresse orageuse,
  Cette inquiétude fougueuse,
Tous ces feux dévorans dont je suis embrasé ?
Je craignois que l'aspect d'un si parfait ouvrage,
Dans mes travaux hardis ne glaçât mon courage.
Sous la triste épaisseur d'un voile injurieux
Ma main ensevelit le titre de sa gloire.
Cet objet ravissant ne poursuit plus mes yeux,
  Mais il assiége ma mémoire.
  Plus triste & non pas moins distrait,
  Vers lui mon ame est sans cesse emportée ;
Que tu dois m'être cher, incomparable objet,
  O ma divine GALATHÉE !
  Lorsqu'atteignant ma derniere saison,
Mes esprits, sans vigueur, ne pourront rien produire,
  En te montrant, du moins je pourrai dire ;
Voilà ce que j'ai fait! Voilà PYGMALION!

Oui , fous les coups du fort impitoyable
Quand je verrai mon génie accablé ,
Quand j'aurai tout perdu , refte-moi Nymphe aimable;
Oui, tu me refteras , & je fuis confolé.

(Il s'approche du Pavillon , & le regarde en foupirant.)

Mais pourquoi la cacher ? homme aveugle & barbare !
Réduit à vivre oifif , de cet objet charmant
    Pourquoi fouffrir qu'un voile me fépare ?
C'eft trop me dérober un plaifir innocent.
Rien ne peut embellir fon port ni fa figure ;
Mais peut-être au tiffu qui forme fa parure
J'ajouterois encore un ornement nouveau.
Oui, les grâces de l'Art , celles de la Nature,
Tout doit fe réunir dans un être fi beau.
Peut-être il me rendra mon ame aliénée. . . .
Un nouvel examen fçaura mieux m'éclairer. . .
    Que dis-je ? l'ai-je examinée ?
    Ah ! je n'ai fait que l'admirer.

(Il prend le voile & le laiffe tomber effrayé.)

En touchant ce rideau , je ne fçais , téméraire ,
Quelle terreur faifit mon efprit agité !
D'un temple , où fiége en paix une Divinité ,
    Je crois ouvrir le Sanctuaire.
C'eft ton ouvrage , un marbre.. Eh! qu'importe ? ... Aux
    humains
On donne bien des Dieux de la même matiere,
Et qui n'ont pas été formés par d'autres mains,

(*Il leve le voile en tremblant , & se prosterne. On voit la Statue de Galathée posée sur un piedestal fort petit , mais exhaussé par un gradin de marbre formé de marches demi - circulaires.*)

Non, ce n'est plus qu'à vous que mon culte s'adresse.
Il faut que mon erreur s'expie à vos genoux :
J'ai cru vous faire Nymphe , & vous ai fait Déesse.
Vénus, oui Vénus même est moins belle que vous...,
Insatiable orgueil voilé sous cet hommage !
Je ne puis me lasser d'admirer mon ouvrage.
    D'un fol amour-propre enivré,
    C'est en lui moi seul que j'adore....,
Mais ces Dieux si puissans, qu'ont-ils donc fait encore
    De plus digne d'être adoré ?
Quoi ! tant d'appas divins sous mes doigts ont pu naître ?
    Mes doigts les auroient caressés....
Ma bouche auroit... Que vois-je ? ... un défaut... oui
    peut-être !
Les charmes qu'aux desirs ce voile ose promettre,
    Devroient être mieux annoncés.

(*Il prend son maillet & son ciseau ; puis s'avançant lentement , il monte, en hésitant , les gradins de la Statue qu'il n'ose toucher ; enfin, le ciseau déja levé, il s'arrête.*)

Quel trouble ! quel frisson ! ma main erse tremblante.
Je vais tout déformer. Cruel! moi son bourreau!

(Il s'encourage , & enfin préſentant ſon ciſeau , il en donne un coup , ſaiſi d'effroi , & le laiſſe tomber en pouſſant un grand cri.)

Dieux ! je ſens la chair palpitante !
Elle repouſſe le ciſeau !

(Il deſcend , tremblant & confus.)

Vaines terreurs de mon ame égarée ! ...
Je n'oſe, je ne puis, tout me vient arrêter.
Ah ! ſans doute, les Dieux veulent m'épouvanter :
A leur ſuprême rang ils l'auront conſacrée.

(Il la conſidere de nouveau.)

Que voudrois-je y changer ? de quel nouvel attrait
　Peut-elle encore être pourvue ?
　Ah ! ton ſeul défaut , cher objet,
C'eſt le céleſte éclat dont tu frappes ma vue :
Avec moins de beauté , rien ne te manqueroit.

(Tendrement.)

Mais il te manque une ame. Hélas ! hélas ! ſans elle,
Tous ces charmes ſi doux ſont perdus pour l'amour.

(Avec plus d'attendriſſement encore.)

Dieux immortels ! qu'elle doit être belle
　L'ame digne d'un tel ſéjour !

(Il s'arrête long-temps , puis retournant s'aſſeoir , il dit d'une voix lente , entre-coupée & changée.)

Malheureux ! où m'emporte un aveugle délire :
Qu'oſai-je deſirer ? que ſens-je ? quelle horreur ?

Ciel ! de l'illufion , le voile fe déchire,
    Et je n'ofe voir dans mon cœur:
J'aurois trop à frémir du tranfport qui m'infpire.

    (Il garde un moment le filence , plongé dans un
profond accablement.)

Voilà le noble amour dont je fuis enflammé !
    C'eft donc un être inanimé
Pour qui je veux ici traîner ma vie entiere !
    Un bloc d'une froide matiere ,
    Et que ce fer feul a formé !
    Infenfé , rentre dans toi-même,
Vois ton erreur , gémis fur ton égarement.
Mais non. . .
            (Impétueufement.)

        Non ce n'eft point un fol aveuglement.
Qu'ai-je à me reprocher ? eft-ce un marbre que j'aime ?
Ah ! ce n'eft que toi feul , objet digne des Cieux ,
    Dont il m'offre la douce image !
Quel que foit le féjour qui te cache à mes yeux ,
    De quelque main que tes traits foient l'ouvrage ,
De mon cœur éperdu toi feul as tous les vœux.
Et pourquoi donc rougir quand toute ma folie ,
    Eft de connoître la beauté ,
Tout mon crime d'aimer fon image accomplie ?
    Que l'on m'arrache auffi la vie ,
Si l'on veut me ravir ma fenfibilité !

    (Moins vivement , mais toujours avec paffion.)

Quels traits d'une rapide & pénétrante flamme

Semblent de cet objet s'élancer sur mes sens;
  Et traîner avec eux mon ame !...
Hélas! Je me consume en efforts impuissans.
Ivre de ses appas, je crois, dans mon délire,
M'arracher de moi-même, & l'embraser des feux
  Que mon cœur forcené respire.
Ciel! si de tout mon sang... que dis-je? non, grands
  Dieux!
Gardez-vous d'exaucer ma priere cruelle.
  Qui! moi mourir pour vivre en elle!
  Ne la plus voir! ah! malheureux!
  Ne pas être celui qui l'aime!
Non, que d'un feu plus pur son sein soit animé,
  Et que je sois toujours moi-même,
Pour la voir, pour l'aimer & pour en être aimé.

(*Avec transport.*)

Amour, rage, impuissance, effroyable détresse!
  Je porte en moi tous les enfers.
  Maîtres puissans de l'Univers,
Qui de nos passions avez connu l'ivresse,
Vos bienfaits si souvent préviennent les mortels,
Vous voyez cet objet, vous sçavez ma tendresse,
  Soyez dignes de vos Autels.

(*Et tout de suite, avec un enthousiasme plus vif & plus pathétique.*)

Et toi, qui par l'amour signales ta puissance,
Reine des Elémens & Déesse des cœurs,

Toi qui de la Nature épanchant l'urne immenſe,
Inondes l'Univers de germes créateurs,
Où donc eſt ce pouvoir que les Dieux-même adorent?
Inféconde chaleur du plus bouillant tranſport!
  Toutes tes flammes me dévorent,
Et ce marbre eſt glacé par le froid de la mort.

    (*Tendrement.*)

Qui pourtant fut jamais plus digne de la vie?
C'eſt toi qui par ma main as formé ces attraits,
  Prens mon ſang & les vivifie;
Prens-le tout, qu'elle vive, & je meurs ſans regrets.
Toi qui t'enorgueillis du noble & tendre hommage
  Que nous aimons à te devoir,
  Qui ne ſent rien, inſulte à ton pouvoir :
  Acheve, acheve ton ouvrage,
  Bienfaiſante Divinité;
Voudrois-tu que ces traits fuſſent la froide image
  D'une fantaſtique beauté?

 (*Il s'arrête quelques momens pour reſpirer, & revient à lui par degrés avec un mouvement d'aſſurance & de joie.*)

Dieux! quel rayon ſoudain par ſa douce lumiere
  Vient ranimer mes ſens flétris?
Une fiévre mortelle embraſoit mes eſprits;
D'un conſolant eſpoir le calme les tempere,
  Je crois renaître, je revis.
Ainſi le ſentiment de notre dépendance
  Sert quelquefois à charmer nos douleurs.

Des mortels accablés quels que foient les malheurs ?
Si-tôt qu'ils ont des Dieux invoqué la puiffance,
Un baume adouciffant coule au fond de leurs cœurs.
Qu'efpérer toutefois d'un vœu fi téméraire ?
  Hélas ! en l'état où je fuis ,
  On invoque tout à grands cris,
  Et rien n'entend notre priere.
 Dans la douleur de mon égarement ,
Je n'ofe interroger mon ame confondue.
Sur cet objet fatal quand je porte la vue ,
Le trouble , la frayeur , un foudain tremblement...

   (*Ironie amere.*)

Eh , malheureux ! deviens intrépide un moment,
  Ofe fixer une Statue.

 (*Il la voit s'animer, il fe detourne faifi d'effroi ,
& le cœur ferré de douleur.*)

Qu'ai-je vu?... Dieux !... comblez-vous mon efpoir ? ...
Ses yeux brillent...fes chairs...fon fein...cruel preftige !
Ce n'étoit pas affez d'efpérer un prodige ,
  Il falloit encore le voir.

  (*Excès d'accablement.*)

Dans quel affreux ennui vais-je trainer ma vie ?
  Sort déplorable ! ma raifon
  M'abandonne avec mon génie.
  Confole-toi, PYGMALION.
Sa perte couvrira ta honte & ta mifere.

Il n'eſt que trop heureux pour l'Amant d'une pierre
De ſe nourrir d'illuſion.

(Il ſe retourne , & voit la Statue ſe mouvoir & deſ-
cendre les gradins. Il ſe jette à genoux , leve les
mains & les yeux au Ciel.)

Dieux immortels! ... Vénus!... O Galathée !

GALATHÉE en ſe touchant.

Moi.

PYGMALION tranſporté.

Moi !

GALATHÉE ſe touchant encore.

C'eſt moi.

PYGMALION.
Preſtiges raviſſans ,
Qui maintenant trompez mon oreille enchantée ,
N'abandonnez jamais mes ſens.

GALATHÉE (faiſant quelques pas , & touchant un marbre.)

Ce n'eſt plus moi.

PYGMALION.
Qu'entens-je ?

(Dans des agitations , dans des tranſports qu'il a
peine à contenir , il ſuit tous ſes mouvemens , l'écoute,
l'obſerve avec une vive attention qui lui permet à
peine de reſpirer.)

(GALATHÉE s'avance vers lui & le fixe : il
ſe léve précipitamment , lui tend les bras & la regarde

avec extase. Elle pose une main sur lui, il tressaillit; prend cette main dans les siennes, ensuite la porte à son cœur, puis la couvre d'ardens baisers.)

GALATHÉE *avec un soupir,*

Encore moi.

PYGMALION.

Oui, cher & bel objet que mes feux ont fait naître,
Oui, c'est toi, c'est toi seul; je t'ai donné mon être,
Je ne vivrai plus que par toi.

FIN.

www.ingramcontent.com/pod-product-compliance
Lightning Source LLC
Chambersburg PA
CBHW070132100426
42744CB00009B/1806